夢は60歳から現実化する。——「老春時代」の成幸術

序章（春）老春は青春より楽し――11

老いの喜び……12
生涯現役……14
実は人生は60歳からが最もオモシロイ……18
青春時代より面白い老春時代……24
老後は余生なのか もはや余生とは呼ばせない……28
老化は退化ではなく進化……31
老後の三大課題……33

一章（楽）人生は、年を取るほど楽しくなる――37

人生１００年時代の生き方……38
ローゴは一日してならず……41
すべての経験はローゴへと通じる……43
60歳からの人生を優雅に生きるために……46

年老いたら枯れるのか？……52
人生のピーク……53
ローゴを楽しむ四種の神器……59
妄想からの脱却……62

二章（金）ローゴの蓄えはいらない

二章（金）ローゴの蓄えはいらない——65
いつまで汗水流して働きますか……66
経済的豊かさとは……69
ローゴこそ優雅に……71
ローゴ対策はたった２つ……73
あくせくするより、ワクワクしよう……81
二つの誤算……84
ダウンサイジングというライフスタイル……91
ローゴのための３つの投資……94

三章（健）病院へは行かない、薬は飲まない　101
健康は命より大事!?　102
元気は「氣」から　103
美食より粗食　106
生活習慣　108
元気で長生きしたかったら、極力病院へは行かない、薬は飲まない　109
自然治癒力を高める　111
病院へ行く時間と、薬を買うお金があるなら、旅に出よう　114
筋肉マンになろう　115
笑いヨガ Loughter Yoga　122
瞑想　123
もしも病気になっても、病気と上手に付き合う　124
四章（人）自遊と束縛の狭間――　127

「自遊」の3条件……128
自遊と孤独……130
ローゴの人間関係……132
孤独と寂しさ……136
孤独の解消……139

五章（時）老いの恥はかき捨て——141

死ぬとき後悔しないために……142
不老不死は不可能でも、不老長寿は可能な時代……146
好奇心とチャレンジ精神（闘争本能）を忘れない……148
言霊……150
自分に熱狂して、クレー爺になろう……154
「主観年齢」と「見た目年齢」……156
ボランティア……157
「おとなの学校」……158

六章（起）ロージン革命――161
ロージン革命……162
自然体で生きる……163
すべては必然……165
ロージンよ、起業しよう……167
60歳からの5つの起業体験……172
老害からレジェンドへ……174
死ぬまでモテ期を貫く……178
社会貢献と恩返しこそロージンの使命……180
サバイバル時代……183
逆風満帆……184

七章（恋）ロージンと恋――189
老いらくの恋……190

ロージンよ、恋に生きよう！……192
シニア婚活……194

八章（夢）未来の姿を描こう——197

ロージンよ、未来を見つめ、夢を語ろう……198
夢を語りあえる人と一緒にいたい……200
還暦からは恩返し・恩送り……202
人生のシナリオ……204
旅せよロージン 和僑となって世界に飛び出そう……208
真の豊かさとは？……210
あとがき……213

序章（春）

老春は青春より楽し

老いの喜び

年を取ることを恐れる必要はありません。むしろ喜ぶべきなのです。

もしも100歳まで生きるとしたら、退職、あるいは引退後、何をしますか？　どういう老後の姿を描いていますか？　バラ色の老後？　それとも灰色の老後？　老後に明るいイメージを持っている人はどれだけいますか？　老後を待ち望んでいる人はどれだけいるでしょうか？　ほとんどの人は年を取りたくないと思っているのではないでしょうか。

とはいえ、時は否応なく過ぎていきます。そして、すべての人が年を取っていきます。ただ言えることは、災難にしろ、死にしろ、年を取るにせよ、それらに直面したときにどう対応するか、ではないでしょうか。

年を取ることを暗く忌み嫌うのか、**明るい老後をイメージし、一瞬一瞬を楽しもう**とするのか。

「人生100年」を長いとみるか、短いとみるかは人それぞれでしょう。いずれにせよ、どうでもいいことに悩んだり、くよくよと些細なことに関わったりしている暇はないはずです。

悩み苦しむのは生きている証拠といえます。ならば悩み苦しみさえも楽しみに変えて、面白おかしく、元気で過ごすに越したことはありませんね。

人生は、あなたが思っている通りに展開していくのですから。

生涯現役

ほとんどの方は「生涯現役」でありたいと望んでいるのではないでしょうか。人生において、誰しも「終わった人」になるのは嫌なものです。

「生涯現役」って何？　と聞かれた時、死ぬまで働くことだと一般的には考えられているかもしれません。

でも、ほんとに死ぬまで働きたいですか？

老後はノンビリ優雅に過ごしたいと思いませんか？

私は「生涯現役」とは、「**死ぬまで豊かに過ごす**」「**死ぬまで人生を謳歌する**」ことではないかと思っています。

そのためには、生涯勉強を続け、成長していかなければなりません。働きたい人は死ぬまで働けばいいし、遊びたい人は死ぬまで遊べばいいのです。

いずれにせよ、生涯現役を貫くためには努力をしなければなりません。ということは、**生涯現役とは生涯努力を続ける**ことだといえるでしょう。

一般に、人々は老いることを忌み嫌います。しかし、ここではき違えていけないのは、「年を取ること＝老いる」ではないということです。つまり、**年を取ることと老いることとは全く別のこと**なのです。

「青春の詩（YOUTH）」で有名なサミエル・ウルマンは、「年を重ねただけで人は老いない」「**理想を失う時に初めて老いがくる**」、そして「**青春とは人生のある期間をいうのではなく心の様相をいうのだ**」と書いています。

ならば、**情熱を持ち、夢を抱き、好奇心と冒険心の赴くままに挑戦を続けて**いれば、何歳になってもそれは青春に匹敵する、いやそれ以上の若々しい日々を送ることができるのではないでしょうか。

なぜ、人は老いることを忌み嫌うのでしょうか。それは、すべてにおいて衰えを感じるからでしょう。確かに年を取れば体力は落ちます。見た目も、しわが増え、潤いもなくなってきます。

しかし、年を重ねるということは、それらを補って余りあるものです。それは、これまで生きてきて培った経験であったり、それらに基づく知識や知恵であったりします。そのためには、**いたずらに年齢を重ねるだけではいけません。しっかりとした土台固めが必要**です。そうすれば、いわゆる老後を青春時代以上に謳歌することができるはずです。

もう一つは、老人に対する世間一般的な見方と本人たちの意識の問題があります。人はすべからく幸せを求め、快楽を希求して止みません。そのピークを壮年期に置き、人生の最後のシニア時代を惨めなものとしてとらえがちです。

さらに、老人はこうあらねばならない、年甲斐もないことはすべきでない、などと世間的な常識にとらわれてしまいます。これは一種のパラノイアにすぎません。

いわゆる「**生涯現役**」**を貫き通し、死ぬまで豊かで充実した人生を送る**には、こうした妄想を一掃し、パラダイムシフトを起こすことが必要ではないでしょうか。

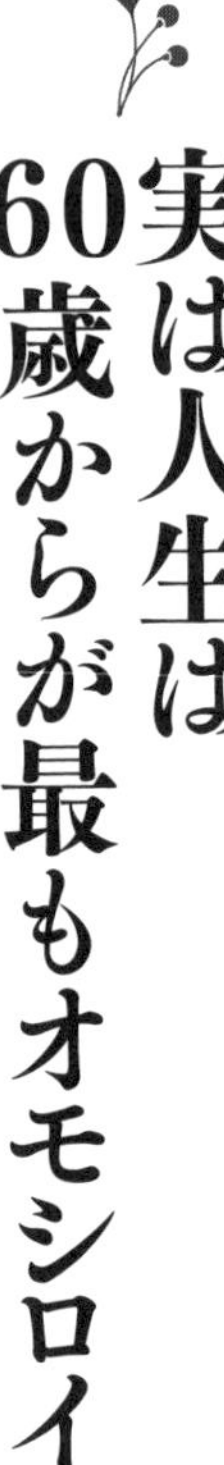

実は人生は60歳からが最もオモシロイ

私は以前から、**60歳を過ぎれば人生はずっと面白くなる**と思っていました。なぜなら、いろいろな意味で身軽になるからです。それに、仕事もしなくてもいい、または軽減したり、内容を自分で選んだりできるようになります。**好きなことだけできる**かもしれません。

一般的に、年を取れば子供のいる人はまずは子育てが一段落します。借金やローンもなくなるか少なくなっているでしょう。一方、知識も経験も増えて、トラブルを起こしにくくなり、また、起きても知恵と工夫で対処しやすくなります。

今や、老後という位置づけはしない方がいいのかもしれません。むしろ、いままで**老後と呼んでいた期間こそ、本来の生き方ができる**といえるのではないでしょうか。

つまり、〝自遊〟に伸び伸びと生きることができるのです。誰に気兼ねも遠慮もせず、失うものは何もない状態で、怖いもの知らずな**我がまま放題に生きることができる**のがこの時期なのです。

ただし、ここで出てくるのが、経済的な金銭問題と体力的な健康問題です。お金もなく身体もボロボロでは、好きなことはできません。そのためにも「老前」どう生きてきたかが大きなカギを握っているのです。

つまり、それまで老後のための貯蓄ではなく、**老後のための投資をいかにしてきたか**が問題となります。

それは大きく分けて趣味と体力への投資です。趣味は、生き甲斐と収入につなげることができるし、体力はいうまでもなく健康に大きく影響してきます。

特にサラリーマンは、この肝心な趣味と体力への投資が著しく欠ける傾向にあります。その代わり、できるだけお金を稼ぎ、せっせと貯めて老後に備えようとします。なぜなら、それはリタイアを前提とするからです。年を取れば、弱ってしまい稼げないものという思い込みがあるからです。

実は、年を取っても体力はあるし、いつまでも若々しく、経験も趣味も豊富で、稼げて飽きさせない生き方ができることを、多くの人はあまり知りません。

確かに定年後、一朝一夕に趣味を持ち、体力を付けることは至難の業です。だからこそ老後のための貯蓄に励むより、若いうちから趣味を持ち、経験を積み、体力を付けておくことが必要なのです。そのための投資を忘れてはいけません。

では、具体的にどういう投資がよいのか。

それはずばり、旅をすることです。

旅は総合学習の場

旅を通じてありとあらゆる経験ができます。まずは旅先を決めなければなりません。それから、計画を練り始めます。

予算を決め、着ていく服、荷物を選ぶ、チケットの手配、宿の予約など。旅行先の治安や天候、気温も気になるところでしょう。今はインターネットで簡単に調べることができます。それらをすべて考慮し、準備した上でやっと旅に出ることになります。

これだけでも結構な労力になり、エネルギーを使います。だからといって、はじめから旅行会社に依頼し、すべて添乗員付きの観光旅行しか知らないのでは、旅の醍醐味を味わえないだろうし、その後もあまり役に立たないでしょう。**自分で計画して、自分で手配してこそ本当の意味での旅**だと私は思うのです。

そうして出かけた旅先では、想定外のさまざまなトラブルが起きるかもしれません。どんなに綿密に計画を練っても、その可能性があります。空港、タクシー、ホテル、そして食事などの場面で何かしらの不都合が生じるものです。

ショッピングにおいては、訪れる国や場所によって値段交渉も違います。ましてやこれらに病気やケガなどのアクシデントが重なれば、パニック状態になるかもしれません。そんなとき、どう対処したらよいかが試されるのです。そして、その対処次第であなたの人生が決まると言っても過言ではないでしょう。

そうした**経験を積めば積むほど、それが普段の生活でも役立つ**ことが多々あります。**判断力、決断力、交渉力、問題解決能力、対応力、適応力、行動力**など……。こうした能力が備わってはじめて、老後の暮らしがより豊かで楽しくなってくるのです。

そうすれば、旅が単なる休養やレジャーといった気晴らしにとどまらず、明らかな投資として位置づけられます。しかも、旅先で思いがけないビジネスチャンスに遭遇するかもしれません。素敵な出会いの可能性もあるかもしれません。

青春時代より面白い老春時代

あくせく老人、ゆとりロージン

想像してみてください。

身体がいうことをきかない。ほぼ毎日病院通い。懐は寂しい。年金も乏しく、それだけでは普通の生活もママならない。

配偶者とは死に別れ、または生き別れて一人暮らし。男やもめに友達もほとんど寄り付かない。配偶者が一緒でも、あまり会話もせず、家庭内別居状態。気軽に付き合える友達もおらず、行くところもなく家に引きこもる毎日。

仕事をしたくともまともなものはないし、あったとしても、老体に鞭打って持病をこらえながら、それでも働かざるを得ない……。

その一方で、**老後を青春時代以上に謳歌**している人たちがいます。独り身かつ自遊そのものです。そのような人たちは、一体どのように自遊を謳歌しているのでしょうか？

好きな時間に寝て、目覚ましなしで好きな時間に起きる。時間に束縛されない。それでいてやることはたくさんある。なぜなら、夢がいっぱいあるから。

それに彼らは心身共に、いたって健康。ほとんど病院に行くことがない。普段から薬も飲まない。サプリメントもなし。だから、お金もさほどかからないし、時間もたっぷりある。

さらに、筋トレはじめ、適度に運動をしている。食事は粗食そのもの。しかも、ほぼ一日一食。不必要な贅沢はしない。だから、またお金もさほどかからない。

アルコールはほぼ毎日飲んでいて、外食もお呼びがかかれば、友人や仲間といっしょに愉快に食事を楽しむ。ときには、女性を誘っておごることもある。

こんな人は、人生を楽しむ術を知っています。ビジネスと恋は欠かしません。常に、**何事に対しても好奇心を持ち、果敢に挑戦**します。

そして、思いついたら即行動に移します。それらは健康だからできるのではなく、**行動するから健康になる**のです。

お金があるからできるのではなく、そうすることが必要なお金を生むのです。時間があるからできるのでもありません。効率よく時間を有効に使っているのです。むしろ忙しくて時間が足りないくらいです。

しかも、好きなことしかしません。人からさまざまなことを依頼されることが多く、それらを好んで引き受けます。

常に**笑顔を絶やさず、機嫌よく振る舞い**ます。こうした**習性が自然に身に付いている**のです。

老後は余生なのか
もはや余生とは呼ばせない

老後は人生の本番

そもそも老後を、余りの人生、余計な人生という「**余生**」ととらえる**こと自体に、問題がある**と思うのです。

人生に余りも、余計もないはずです。また、老後という言葉も好ましくありません。私の考える、そして私自身が実践している生き方と区別するために「ローゴ」と表現しましょう。同じく老人も「ロージン」と表現しましょう。

そして、余生でなく、むしろローゴこそが「本生」なのだと解釈しましょう。つまり、ローゴこそ本当の**生きる価値や楽しみを見いだせる人生の本番の時期**なのです。

良くも悪くもローゴこそ人生の可否を分けると言ってもいいでしょう。「**ローゴ良ければすべて良し**」なのです。

人生は三段ロケット

私は、生まれてから30歳くらいまでを「学習期」、それから60歳くらいまでを「成熟期」、それ以降を「充実期」と呼ぶことにしています。通常成熟期の後には、衰退期が訪れると考えがちですが、これこそ妄想にすぎません。

人生は三段ロケットのようなものです。一生の中で何回か古いロケットを切り離し、新しいロケットに点火していくのです。そうした切り替えをしていくことで、月や火星（新たな生き甲斐）に到達するかもしれないし、気象衛星や通信衛星のように、ゆっくりと地球の周回軌道を回り続けるかもしれません。

そうすることで一生それなりの役割を果たし続けることができるのです。ローゴに豊かで充実した「本生」を送るためにも、それまでは助走期間として、精一杯いろいろな経験をした方がいいでしょう。むしろその時期こそが「予生」と言えるのではないでしょうか。予備の人生です。

「若い時の苦労は買ってでもせよ」と言いますが、苦労と言わず経験と言った方がいいかもしれません。「**若いうちに何でも経験しろ。若くして求めれば老いて豊かである**」とゲーテの言葉にもあります。

しかし、間違った方向に進むと、いざ「充実期」に入ってから健康を損ねたり、経済的貧困に陥ったり、人間関係でこじれたりすることもあるので、気をつけたいものです。

老化は退化ではなく進化

老いることとイコール衰えることではない

一般にある年齢を過ぎると、年々身体は弱まり、あちこちに不具合が生じてきます。そこで老いを衰えるものとしてとらえがちです。だからといって、それを当然だと受け止めてしまえば、身体はますます弱っていきます。同時に心も萎えていきます。

でも、ひょっとしてそれは思い込みではないのでしょうか。年を取れば、そうなるものだと勝手に決めつけ、自ずと自分をそのように導いているのではないでしょうか。

みながそうだから、自分もそうならなくちゃ、と。

年とともに衰えることを前提にして考えるのではなく、衰えさせないと心掛けて毎日を送るのです。そのためには、日々の心身のトレーニングが欠かせません。

年を取るということは、老化していくことではなく、むしろ進化していくことだと私はとらえています。

変化しながら成長していくのです。もちろんそのためには並々ならぬ努力が必要です。人は死ぬまで進化し得るということを忘れないでください。そうして**夢と希望を死ぬまで持ち続けてください**。

老後の三大課題

3Kと言われる、老後の三大課題があります。

第一は、経済的な貧困（経済問題）
第二は、肉体的な老化（健康問題）
第三は、精神的な孤独（孤独問題）

という深刻な課題です。

肉体的にも精神的にも健康でなければ、課題をクリアしづらいですね。
「生涯現役」の条件は、**何をするにも健康が第一！**　なのです。

少なくとも、寝たきりにならずに、死ぬまで自分の足で歩いていたいものです。そのためにも、特に筋力は鍛えなければなりません。

ところで、どのようなことで生涯現役でいたいですか？　つまり、「死ぬまで続けたいことは何か」という課題にぶつかります。一般に「生涯現役」といえば、前にも述べたように「死ぬまで働き続ける」ことを意味することが多いのではないでしょうか。それは、第一の経済的課題が大きくのしかかるからだと考えられます。

私は、死ぬまで働くなんてまっぴらゴメンです。むしろ、**死ぬまで遊んでいたい**というのが本音です。

ここでいう「遊ぶ」というのは、いわゆる遊興ではなく、「**自由に好きなことをする**」という意味です。

ですから私は自由を「自遊」と表現しています。童心に返り、豊かで自遊な発想を持ち、何に対しても**とらわれの心がなく、躊躇することなく、何事も赴くままに行動をする**ことだといえます。

すなわち、**ひらめいたら即行動の感性を貫き通す**ことです。

確かに現実問題として、ほとんどの高齢者は、上記の３Ｋといわれる課題を突きつけられます。逆に考えればこの三つの問題さえクリアすれば、ローゴを謳歌できるのではないでしょうか。むしろ、ローゴだからこそ解決されることがあります。

それは子育てが終わり、夫婦の独立ということです。つまり、周りのあらゆるものが自立するのです。もちろん、そのためには自分自身も自立しなければなりません。

３Ｋという老後の三大課題をおおむねクリアし、人生の「充実期」として、豊かなローゴを送る高齢者もいます。その一方、ローゴになっても、いつまでも３Ｋ問題を引きずっている高齢者が多いのが実情です。青春が自立への扉を開けることだとしたら、ローゴもまた同じなのです。

大切なことは、介護からの自立、お金からの自立、そして人間関係からの自立なのです。

一章（楽）

人生は、年を取るほど楽しくなる

人生100年時代の生き方

対応力、レジリエンスを身に付ける

環境が大きく変化している現代において必要なのは、強さや賢さより「対応力」です。対応力は、環境の変化に単に条件反射する力ではなく、物事の原点に立ち返り、根本から「考える力」を基本としています。世界がどう変わるのか、社会がどう変わるのか、**未来を予測して「今、世界で何が起きているのか」を調べ、考え、把握することが大事**なのです。

そのためには、情報に左右されず、現場に行き、日常で「なぜ、なぜ、なぜ」と問い続けることが重要です。繰り返すことによって、**腑に落ち**

るまで考える癖を付けるのです。

現代は、先の読めない時代と言われますが、読む力がなくなってきているだけで、**いつの時代も先を読み、それを当てた人たちが成功を収め生き残ってきました**。今もそれは変わっていません。

先の見えない時代でも、それに甘んじてその日暮らしをしていては、ますます落ちこぼれていくでしょう。格差はますます広がる一方です。

明確なビジョンを持つ

いつも、成功の裏には共通して、**信念とパッション**、そして「自分は何をやりたいか」という**明確なビジョン**があります。

もちろん、現時点で「やりたいことがない（わからない）」という人もいるでしょう。そういう人は、「楽しそうと思えること」をまずはやってみればいいのです。続けているうちに自分の考えがまとまってきて、「本当にやりたいこと」が明確になってくるでしょう。

金なし、暇なし、スキルなし、やる気もうせて、「終わった人」にはなりたくありません。死ぬまで人生に終わりはありません。生きながらにして終わってるなんて耐えられません。余生どころか、**60歳からが本生、つまり人生の本番**なのです。

ローゴは一日してならず

ローゴはいきなりやって来ない

日本の行く末を案じて、老後に不安を抱く人が増えています。「年金は大丈夫だろうか」「介護施設はどうなるのか」など……。そのため、老後を見据えてせっせと預貯金に励む若者も増えていると聞きます。

しかし、その時期にしか味わえない貴重な時間、経験を放棄してまで貯蓄に励むのは本末転倒ではないでしょうか。なぜなら、**その時期、その時代のいろんな体験こそが、ローゴになって生かされてくる**のですから。

ローゴというものは、いきなりやって来るものではありません。60年、

70年の歳月を掛けてくるものです。ですから、それまでをどう過ごすかでローゴの姿が形成されます。特に、30代から50代の生き方がローゴに大きく影響します。

仕事や遊び、いろいろな仲間たちとの交わりのなかで、私たちはさまざまな体験を通じて知識や知恵を身に付けていきます。それにはある程度の資金が必要です。これは自己投資です。

それを惜しんで**経験不足になると、ローゴに悪影響を及ぼし、大きな付けが回ってきます**。もちろん、十分自己投資した上で、余力があるのならその分を貯蓄に回すことはいいことでしょう。

それにお金はいくら貯めても、不安を完全に払拭するには十分とはいえないでしょう。それなら、**若い頃から年を取っても稼げる力を蓄える**方がいいのではないでしょうか。起業したり、趣味や特技で稼げる手段を見つけたりする訓練を積んでいく方が得策だと思います。

すべての経験はローゴへと通じる

それまで生きてきた人生が、そのままローゴに反映される

生まれて30歳までの「学習期」、30代から50代の「成熟期」の生き方がローゴを決めるといってもよいでしょう。今思えば、「学習期」の中でも学生時代、勉強よりアルバイトに勤しんだことがとても役立ちました。

苦学生だったので、**多い時には1日に3つのアルバイトを掛け持ち**していました。早朝は新聞配達や牛乳配達、昼間も働き、夜は家庭教師をしていました。

昼間のアルバイトは、飲食店や工場、商店など20種類くらいの職種を経験しました。社会に出てから、フリーターのように職を転々と変えることはあまりお勧めできませんが、学生時代はより多くのアルバイトに関わることでさまざまな職種を体験できます。

その経験は、**ローゴになって大いに生かされてくる**のです。なぜなら、専門家にならなくても過去に少しかじっただけでも、その技術（やったことがあるという経験値）が役に立つことがあるからです。

まったく経験がないものと、少しでも経験があるものとでは雲泥の差が生じます。例えば、飲食業において皿洗いや接客の経験は、ローゴの趣味や起業に生かされることが多々あります。このように、若い時期の何気ない経験が、ローゴになって役に立つことはよくあることなのです。

人間関係も、同様です。さまざまな場面でたくさんの人たちと関わります。その中で揉まれることは、その後の人間関係にも影響してきます。若いうちから**いろいろな職種、多様な考え方の人たちとより多く接することが重要**だと考えています。

私は、大学卒業後、当時大手の総合商社に就職しました。6年間会社勤めしました。いわゆるサラリーマンを経験したわけです。そのわずか6年間で、財務（輸出外為）、鉄鉱石輸入、石油化学営業、そして人事（労務管理）を担当しました。

これは、**同じ会社内とはいえ、4つの会社を転職したことに匹敵**します。なかでも、石油化学部門においては、繊維、車、薬品・医療、石油・オイル業界と、幅広い業種で営業活動を行いました。

こうしたさまざまな業界に携われたことが、今になってとても役立っています。商社勤務時代には海外体験もさせていただきました。

給料を受け取りながら、さまざまな勉強ができることは幸せなことです。若いうちの経験は貴重な財産です。**失敗や苦い経験も含めて、必ずローゴに生きてきます。**

60歳からの人生を優雅に生きるために

私は**自遊に生きる、楽しく生きることをモットー**にしています。そして、お金より体験が大事だと考えています。ですから、若い時にできるだけ多くの経験をしてきました。**机上の勉強より、現場でスキルを磨いてきました。**

私は海外留学もしていませんし、英会話スクールに通ったこともありません。すべて旅によって現場で英会話力を培ってきました。

まずは好奇心と趣味を持つことです。スポーツ、音楽、美術、料理など、あらゆるジャンルにおいてです。それはまるで、「人生のアーティスト」のようにです。上手でなくてもいいのです。ただ興味を持てればいいのです。

いま趣味や興味が見当たらないのなら、子どもの頃の興味を思い出してみましょう。そして、その子ども時代の夢を実現しましょう。

好きなことより楽しむことを心掛けています。そうすれば、苦しいこと、嫌なことも楽しくなり、結果、好きになるのです。はじめから好きなことを追いかけるから苦しくなるのです。

好きなことより楽しいことを優先しましょう。

人生を謳歌する秘訣

それは大いに遊ぶことです。**若い頃、いかに遊んだかがローゴを左右すると**言ってもいいでしょう。「遊び」のなかにこそ「学び」があるのです。

まずは遊び仲間、仲良しクラブをつくりましょう。その上に小さな成功体験を築き上げましょう。そうすれば達成感を得ることができ、ますます人生が楽しくなるのです。

マイルストーンを築こう

人生におけるマイルストーンとは成功だけではなく、失敗の数もカウントされます。失敗こそ自信の源になるのです。失敗経験がローゴはものを言うのです。ですから、できるだけ多くの失敗をしてみましょう。

失敗は決して恥ではありません。人生の傷はむしろ勲章です。傷が多いほど、人生は豊かになります。「**死ぬこと以外はすべてかすり傷**」なのですから。

特に子どもにはチャレンジさせ、失敗させ、それを褒めてあげましょう。チャレンジした勇気を褒めてあげましょう。決して諦めないで継続する癖を付けてあげましょう。子供にとって小さなやけど、小さな傷こそ勲章になることを伝えてみてください。

人生は、楽しんで幸せに生きるためにある

生涯現役とは、生涯楽しめることにほかなりません。年を取って、いきなりその能力を身に付けるのは至難の業です。できるだけ若いうちからその能力を身に付ける努力をしなければなりません。

私は、どちらかといえば勉強もせずに遊んでばかりいました。真面目

というより不真面目な方だったと思います。

ですが今思えば、勉強より、当時の遊びの方が役立っていることに気づきました。世間で役立つ**生きる力は、机上の勉強だけでは身に付かない**ことを知りました。

高校時代は部活、大学時代はバイトに精を出し、勉強はついでといった感じでした。おかげで、浪人と留年を経験しました。これもよい経験となり、いろいろな意味でローゴに生かされています。

6年間の会社員時代も転職こそしていませんが、会社内の異動により4部門で異なる仕事を経験しました。いまもその**経験すべてが役立っています**。

脱サラ後は、大都会から突然田舎暮らしを始めましたが、宿泊業をメインに飲食、雑貨販売なども行いました。それには学生時代のアルバイト経験が生かされています。

懲りずに、まだこれからもいろいろな経験を積んでいこうと考えています。**成功より失敗の方が何倍も多いですが、そのたびに成長しました。**「この年になって、もう失敗はできない」なんて思わないでください。**死ぬまでに、また立ち上がればいい**のです。その方が人生は面白いし、後悔することもないでしょう。

年を取れば取るほど人生が面白くなると思えば、年を取るのが楽しみになります。考え方一つで、まさに**ローゴはパラダイスになる**のです。

年老いたら枯れるのか？

フランス人の中には、何歳になっても色気があり枯れることなく人生を謳歌している高齢者カップルがたくさんいます。**老いても瑞々しくあるには、さまざまな顔、そして純粋な子ども心を持ち続けることが大切**です。

とはいえ、確かに老化現象というものがあります。いわゆる年を取るに伴って起こる、心身の一連の退行的な変化です。記憶力・記銘力や視力・聴力・体温調節などの生理機能の低下、しわ、たるみ、足腰の弱体化などを指します。

ただ、その度合いには個人差があります。70歳でも80歳でも、若々しい人はいます。一方、40歳、50歳で老け込む人もいます。体力的にも、考え方にも、その差は現れます。そして、その差は**普段の食事や運動など****の生活習慣**からくるのではないでしょうか。

退行するのは、細胞と血液、ホルモンが大きく関係しているとも言われています。あくまでも、**年を取ること（加齢）と老いること（老化）と****は別物**としてとらえる必要があります。

人生のピーク

人生のなかで最も輝く時、ピークはいつだと思いますか？
私は今！　です

あなたは人生にピークがあるとすれば、どこにそれを持っていきますか？　40代？　それとも50代？

俗に「**55歳の壁**」といわれることがあります。その頃から会社では戦力外扱いにされ、人生の下り坂を感じるからだそうです。給料も頭打ち、転職、再就職という逃げ道も少なく、けれども子供の教育費や医療費もかかる頃。その上、家や車のローンもまだ残っている状態。そういう人にとっては**50歳前後が人生のピークに感じられる**かもしれません。

もしそうであったとしても、それを乗り越えれば60歳、70歳あたりから、また上り坂に転じることができるのです。

人生の頂点はローゴにある

年を取るごとにどんどん運気が増していくとしたら、どれだけ素晴らしいことでしょう。常にいまが人生のピークといえる状態です。

そして、**死ぬ直前こそ最も輝ける人生**でありたい。そのためには、上り続けなければなりません。昨日より今日、今日より明日はもっと先へ、上へと。

人生に下り坂はないのです（一時的にあったとしても）。**右肩上がりの人生が理想**です。

ぜひ「**ローゴ良ければ人生すべて良し**」を目指しましょう。

毎日が幸せの絶頂「日々是楽日」

私は、いまが楽しくて仕方ありません。年を取れば取るほど、楽しくなるのはなぜでしょう。自分でも不思議ですが、こんなに**ローゴが楽しく充実している**ものとは想像もしていませんでした。

若い頃は苦しみの連続でした。夢もありましたが挫折も大きかった。辛くて苦しくて、死にたくなったこともありました。

そのたびに夢を脱ぎ捨てざるを得なかった。失うのが怖かったからです。いまはどうでしょうか。もはや失うものは何もありません。あとは命だけです。どこか**吹っ切れた気持ちがあります**。**形あるモノはすべて消えてしまう**のですから。

毎日が充実していれば、毎日がピークであることを意味しています。生きていれば、今日より明日がより幸せになるでしょう。明日を悲観することはありません。どんなことがあっても**希望を持って生きる**ことです。

私たちの周りでは、日々さまざまな出来事が起きています。よいこともあれば悪いこともあります。しかし、身の周りに起きたことに優劣はありません。

晴れがいい天気で、雨が悪いと誰が決めたのでしょう。起きている現象はただ一つです。それに良し悪しという区別を付けるのは人それぞれです。**現象をありのままに受け止めてみてはいかがでしょうか。**

過去を悔やまず、未来を心配せずに、感謝の気持ちを持って今を素直に受けとめ、日々を大切に生きていれば、清々しい境地でいることができます。

その毎日の積み重ねが素晴らしい未来へと、あなたを運んでくれるのです。もちろん、ローゴもその延長線上にあることは言うまでもありません。

私は、**毎日を楽しく過ごすことを心掛けています**。だから「日々是楽日（にちにちこれらくじつ）」なのです。日々、何かにつけ、「楽しいな」「幸せだな」と思う癖を付けるだけで、本当に実現するのです。

そして、愚痴や悪口を言わず「ありがたい」という感謝の気持ちを抱くことです。こうなれば、完璧に「老春」を謳歌できます。

人生は大器晩成がいい

どんなに努力しても、欲しいものがなかなか手に入らない、あるいはなりたい状態にならないのは、まだそれに値する価値がないからかもしれません。

焦らず、諦めずに努力を続け、それにふさわしい状態になった時、それは向こうからやって来ます。**必要な時に必要なもの（こと）が絶妙のタイミングで現れるのです。**

もしも、それが早く叶ったとしても、速すぎて無理があるため、どこかで破綻するでしょう。努力が報われないのは、まだ努力が足りないか、努力の方向が間違っているかのどちらかです。あるいは、途中で努力を諦めたときなのです。

努力は必ず報われます。信じてください。万が一そうでないとしても、どこかで必ず違った形で成就するでしょう。もしくは、それに気づいていないのかもしれません。ストレートに報われることは稀です。**努力は必ず意味のあるものにつながります**。それを信じて続けてください。

ローゴを楽しむ四種の神器

成幸法則というものがあります。**成幸に必要なものは、「勇気」と「自**

信」と「覚悟」、「情熱」そして「行動」です。つまり、リスクを冒す勇気、自らを信じる力、命を懸ける覚悟、燃えたぎるような情熱。これに、体力、気力を加え、あとは行動と継続があるのみです。

豊かで優雅なローゴを送るためにも、4つの条件があります。もちろん、すべてがそろわなくても幸せなローゴは送れます。しかし、次の4つの条件が揃えば、素晴らしいローゴが待っていることは間違いありません。

まさに鬼に金棒です。私はそれを**四種の神器**と呼んでいます。

まず一つ目は、「健康」です。そして二つ目が「資金」、三つ目が「時間」です。さらに四つ目は忘れられがちですが「心」です。心が健全であることはもちろん、そのあり方そのものが重要となってきます。「考え方」と言い換えてもいいでしょう。さらにもう一つ加えるならば、「仲間」、

「パートナー」は大切ですね。

この四つを全部そろえるのは至難の業です。

お金がある人は時間がない。時間がある人はお金がない、というのが一般的だからです。あるいは、お金も時間もあるが健康を損ねているなど。

ここで陥りやすいことがあります。それは、お金を最重要する考え方です。そのために時間と健康を犠牲にしてしまうことです。むしろ大事なのは、「時間」と「健康」、そして「心」なのです。お金はどうにでもなります。**よい精神状態のもと、健康で時間を有効に使えば、お金は後から付いてきます**。ですから、お金については頭からいったん外しましょう。

妄想からの脱却

年を取るとボケる。誰が決めましたか？　みながそうだから。本当に全員ですか？

何事も決めつけてはいけません。自ら枠をはめないことです。Out of box というように、枠の外に飛び出すことです。そして、人の目を気にすることなく、常識を疑ってみましょう。無意識の思い込みから脱却するのです。

年を取らない生き方は、まず年を意識しないことです

実は、年相応なんてないのです。勝手に他人が決めたり、自分で決めつけたりしているだけなのです。60歳は折り返し地点だと思えばいいのです。１２０歳まで生きたらゼロ歳になると。

老化とは子供返りと思えばいいのです。**「無邪気な人生」を取り戻す**のです。「もう歳だから」と言う人は、自ら可能性を捨ててしまっているのです。自分を見捨ててはいけません。「年だから、もうこれくらいでいいだろう」と、勝手に自分に見切りをつけないで、自分を大切にしてください。

私は、「何歳ですか？」と聞かれると、「もう忘れました」と答えることにしています。年齢とは単なる数字であり、記号にしかすぎないのです。

そんなことより「いま、どんな夢を持っていますか？」「これから何をしたいですか？」と質問したほうが気持ちも上がります。答えられない若者がいっぱいいます。年齢を重ねるほどに大きな夢を持ちます。叶えられなくて死んでも、責任など取る必要はまったくありません。

大風呂敷を目いっぱい広げればいいのです。**人から、何と言われようと気にすることなんてない**のです。

何でも年齢のせいにしないことです。むしろ年甲斐もない、と言われることをすればいいのです。大いにバカをやればいいのです。「子どもみたい」と言われるのは、褒め言葉として受けとめています。

レジェンドになってください。自分を見捨てないでください。自分から見切りをつけないでください。年齢のせいにしないでください。

二章（金）

ローゴの蓄えはいらない

いつまで汗水流して働きますか

汗水流して働くことだけが能じゃない

働くことはいいことです。特に今までは、汗して働くことが日本では美徳とされてきました。何歳になっても働くこと自体を否定する気は毛頭ありません。

働くとは、人のために動く「傍を楽にする」といったニュアンスで語られます。素晴らしいことです。

しかし、いつまでも体力が持つわけでもありません。体力を要する仕事もロボットやＡＩ（人工知能）に取って代わられ、汗水流して働きたくても、そのような仕事自体が少なくなっていくでしょう。

死ぬまで現役で働きたいというその気持ちは凛として素晴らしいのですが、問題はその働き方です。汗水流さなくても働くことはできます。

問題は、年を取ってからどう働くかです。その内容と目的です。年を取れば、体力のある若い時と同じようにやろうとしてもなかなかできません。ましてや勤めるとなると、こちらがその気でもなかなか雇ってもらえません。

それに、働くといっても単に生活のための収入を稼ぐためだけというのも惨めなものです。それでも背に腹は代えられない場合もあるでしょう。

これからは、いわゆる「**下流老人**」**は増加の一途となる**でしょう。貧乏、孤独、病気・介護といった不安も付きまといます。裕福でなくとも貧困や孤独に陥らない、深刻な病気に罹らない、介護のお世話にならない、など考えなければなりません。誰一人そういう状態を望んでいるわけではないのですから。

蓄えだけで老後に潤沢な資金を持つ人は、ほんの一握りの人だけでしょう。**少ない年金だけで爪に火を点すように暮らしている人たちが多いのが現実**です。

身を持ち崩し、病気を患い、孤独に苛まれながら、惨めな老後の暮らしを余儀なくされるのは嫌です。そうならないためにも何か工夫をしなければなりません。

経済的豊かさとは

「**貧乏は嫌だけど、金持ちになる必要もない**」と思うようになりました。なぜなら、金持ちの方が苦労が多いと考えるからです。税金対策、家や車のメンテナンスなどいろいろな心配事も多そうです。

金持ちは家族や付き合う人たちも多いでしょうから、その分人間関係の煩わしさも増します。結構なストレスが溜まり、そのため身心を壊すことも多くなります。

また、贅沢な飲食によって肥満や糖尿病など、生活習慣病発症の可能性も増えるでしょう。ダイエットのためのジム通いもしなければなりません。時間も使い、出費もそれだけ多くなります。

それにお金はいくらあっても足りません。たとえ1億円あったとしても、もっともっと欲しくなります。際限なく欲望が広がっていきます。そして、お金なしでは生きていられなくなります。

死ぬ間際になって、**お金より大切なものがあることに気づく**のです。時間や人の心という、お金では決して買えないものがあることを知って愕然とするのです。

一方、貧乏な人は贅沢もできないので、質素に暮らさなくてはなりません。人付き合いもあまりありませんし、そもそもできないかもしれません。

病院に行くお金もあまりないため、健康に気を遣います。モノもさほどないので失うものも少ないのです。**それなりの暮らしができて、最小限の人間関係の中で生きていれば、ストレスもそれほどありません。**

モノ余りの日本において、妬まず、欲も出さずに慎ましやかに生きていれば、こんな幸せなことはないと考えます。特に年を取ればなおさらのこと、考え方一つで**心穏やかに、慎ましく生きることができる**のです。

ローゴこそ優雅に

恐らく、誰しも**ローゴはのんびりと豊かに暮らしたい**と思っていることでしょう。人生50年時代は、子だくさんでそれも可能だったかもしれません。

隠居して、孫の面倒を見ていればよかったのです。年取った親の面倒は、子供たちやお嫁さんが見てくれたものです。そして、60歳前後で生涯に幕を下ろし、天国に召される、それが一般的な人の一生でした。

ところが、今はそういうわけにはいきません。60歳からも人生は30年、40年と続くのです。もしかしたら、2倍の120歳まで生きるかもしれません。いくら老体に鞭打っても、そういった年齢では汗水流して働くことは肉体的に厳しいかもしれません。できればそうなりたくもありません。

ローゴにはローゴの働き方がある

「**まず汗を出せ、汗の中から知恵を出せ**」といったのは松下幸之助でした。若い頃、たくさん汗をかいて頑張ったら、それだけ知恵もつくはずです。年を取ったらその知恵を生かして〝志事〟をすればいいのです。そして、何より人生を楽しむことです。

ローゴ対策はたった2つ

健康で収入源を持つ

老後対策といえば、一般に「何千万円の貯蓄が必要」といった論調が多く聞こえてきます。けれど、貯蓄だけが老後対策ではありません。むしろ、お金より大事なのは健康に気をつけることです。

そして、**どんな状況においても生き抜いていく気力を養う**ことです。その上で収入源を持つことです。**健康で収入があれば、ローゴはほぼ安泰**です。

稼ぐ力を維持し続ける

守りに回ったら廃れます。ローゴも**常に攻めの姿勢を忘れない**ことが肝心です。だからといって、若い時のように汗水たらして、あくせく働くのも考えものです。やはりローゴは、ある程度ゆったりと優雅に暮らしたいものです。

退職金、貯金と年金だけで十分生活していける人でも、何らかの**生産活動を行うことでローゴの生活に、より張り合いと潤いが出てきます。**

何もせず完全に弛緩してしまうと、認知症などにつながる可能性が高まります。人はある程度、緊張感やストレスがあった方が心身面での健康を保つ上でも効果があるのです。

私も、身体にものをいわせて宿泊業を営んでいました。55歳の時、どうしても自分の理想の家が建てたくて、借金をして敷地内の小高い山の上に小さなホテルを建てました。わずか10メートルほどですが、階段にして約30段の急坂を上らなければなりません。

その頃は何度往復してもほとんど疲れを知りませんでした。けれども、60歳になる頃、腰に負担がくるようになりました。幸か不幸か、その後2008年のリーマンショックによりお客さまが激減したため、肉体的な負担は軽減しました。借金はまだ半分ほど残ったままでしたが、おかげで腰を痛めるには至りませんでした。

当時のモラトリアムによる減額返済で何とか乗り切りましたが、**年々体力は衰えていくことを計算に入れなければならない**、と痛感しました。

そして、**汗を流す代わりに知恵を出せばよいこと**に気づきました。自分の夢を叶えてくれる人に投資すればいいのです。

まずは、61歳の時に外国人をスタッフに迎え、街の中心部に「英会話カフェ」をつくったのです。同時に「ゲストハウス」も開きました。いずれも**それまで培ってきた自分の経験を生かした**ものです。

その後、ベトナムに「カフェ」をつくり、「日本語学校」の設立を手掛けました。そして、福岡にも「ベトナムカフェ」をオープンさせました。その間、阿蘇の施設は人に貸していました。

ところが、2016年の熊本地震や諸々の事情ですべての店を畳まざるを得なくなったのです。67歳でした。そして今、阿蘇に帰り、「瞑想センター」として機能しています。私の**60代はまさにビルドアンドスクラップの連続**でした。

自分の経験と特技、好きなことを生かして、体力に見合った事業を展開することで、生涯、収入を得ることができます。そのために、若いうちからいろんな経験を積む必要があるのです。

複業時代

いまは、複業（マルチキャリア）時代と言われています。これからは、**一つの仕事、一つの会社だけを当てにはできません。**副業を認める会社も増えてきたので、収入源を複数つくっておくことはとても大事なことです。

特にローゴは、年金だけを当てにすることはできないとなれば、どのような状況でも収入が入ってくるように老前に手を打っておくことが重要になってきます。

それも、今まで経験のないアウェイでも勝負ができるように足場をつくっておくことが必要です。特にこれから先、**日本だけでなく常に海外に目を向けておく**ことが肝心です。

収入源の種類も、いくら一時的に儲けられても、**継続性、再現性がないと意味がありません**。死ぬまで継続可能な収入でなければならないのです。そういう意味では、再就職や再雇用で企業に雇用されたとしても、死ぬまでの保証は難しいでしょう。

権利収入を確保する

継続して収入が得られる方法の一つに、権利収入というものがあります。収入は、大きく分けて**労働収入と権利収入に分かれます**。

権利収入とは、何らかの権利を持つことによって、自動的に入ってくる収入のことです。いわば会社員のような労働収入の対極にあるもので、不労所得とも呼ばれます。働かなくてもお金が入ってくれれば、こんなに嬉しいことはありません。ですから、**多くの人が何らかの権利収入の方法を模索**しています。

権利収入は大きく分けて、次の４つに分類されます。

1　不動産や株式のような投資
（最近では、ＦＸや仮想通貨などもこれに入るでしょう）
2　アフィリエイトなどのネットビジネス
3　印税
4　ネットワークビジネス（ＭＬＭ）

どれを選ぶのか、それぞれスキルや性格との向き不向きがあります。

投資には、まとまった資金が必要です。これらは、かなり大きなリスクを伴います。投機的な商品には手を出さない方がいいでしょう。

ネットワークビジネスも権利収入の一つです。一口にネットワークビジネスといってもさまざまな種類のものがあるので、よく調べてみましょう。ネットワーク業界も大きく変貌しています。

先入観からすべてを否定することは、賢明な方法ではないでしょう。いずれにせよ、何らかの権利収入を持つことは、ローゴの経済的安定をもたらします。**権利収入を得れば、一生安泰で老後の経済的不安が一掃される**でしょう。

不労所得といっても、まったく働かないというわけではありません。働き方が違うだけなのです。汗水流すのはどちらかといえば身体を使う仕事であり、権利収入は頭を使う仕事と言えるかもしれません。

肉体は年齢とともに衰えますが、頭は使えば使うほど冴えてくるものです。脳は使えば使うほど死ぬまで発達します。そして年を取りにくくなります。ですから不労所得ではなくて「不老所得」とも言えるでしょう。

余談ですが、私は**旅して暮らすための収入源を「浮浪所得」と呼んでいます。**

あくせくするより、ワクワクしよう

幸福感を高める

お金で幸福になるかというと、そうとも言えません。むしろ、いたずらにお金があることで不幸になる人もたくさんいます。幸福は、お金で買えると思っている人たちです。そういう人たちは逆にお金でしか幸福を買えないと思う傾向があるようです。そうなるといくらお金があっても足りません。充足感が味わえないのです。

稼いだ瞬間は、それなりの満足感を得ることができるかもしれません。欲しいモノが手に入った時と同じです。しばらくすると飽きてきて、また次のモノが欲しくなります。これでは、いくらお金があっても足りませんし、幸福感も一時的なものになってしまいます。

そうではなく、先に幸福感を高めるのです。そうすれば、それに見合った必要なお金が入ってくるようになります。お金があるから幸せになるのではなく、**幸せに感じるとお金が入ってくるのです。**

毎日あくせくお金を儲けることに精を出すより、何か**ワクワクすることに集中する方が、健康でより幸せになれる**のです。

では、ワクワクすることとは、どんなことでしょうか？

一つは、**好きなことをすること**です。これは自然とワクワクします。もう一つは、**人を喜ばせること**です。人に喜んでもらうと、不思議とこちらもワクワクしてきます。喜びは伝染します。相手のワクワクが伝わるのです。

さらに、**愛に生きれば自然に豊かになっていきます**。常に「そこに愛はあるのか」「どういう愛なのか」「どれくらいあるのか」を問い掛けてみることです。

二つの誤算

これまで70年余り人生を過ごしてきて、多くの失敗もしてきましたが、明らかに誤算だったことが二つあります。

セミリタイアは憧れか？

私は50歳を待たずに、セミリタイアしました。その頃は、**セミリタイアという言葉の響きに、どことなく憧れがあった**のです。

大分県の久住高原で営んでいた観光牧場を引き払い、熊本県阿蘇・西原村の古民家を買い取って移住した時、預貯金すべてを使い果たしたものの借金もなくなりました。

買い取った当時築１００年の古民家に、母屋と納屋を改装してコンドミニアムとカフェを併設しました。自宅は別に熊本市内の中古物件を買い取り、中学生と小学生の子どもたちを市内の公立学校に通わせました。子育てにはまだお金が掛かるものの、**宿泊業界で20年余り、うまく切り盛りしてきただけにこれからもやっていく自信があった**のです。

それまでは、やりたいことをやり、夢を叶えてきました。旅、海外、商社マン、そして起業、それがリゾートにおける宿泊業でした。

リゾートの宿泊業は、シーズン中にそこそこお客さまから予約をいただくことで日銭を稼ぐことができ、日々の生活は十分できます。その上、**シーズンオフには時間が十分にあるので好きな海外旅行だって行ける**のです。

80年代から90年代にかけて、リゾート業界は景気がよく稼ぎに稼ぎました。それで資産も築きました。家も車も家族も手に入れ、まさに**順風満帆で悠々自適な生活を送っていました。**

そこで50歳を前にセミリタイアしたのです。「このまま俺の人生うまくいく」と考えていたのです。傲(おご)りがあったのでしょう。人は**現在と同じ状況の先に未来があると思いがち**です。

けれど、**若くしてリタイアなどするものではないと分かるのに、そう時間は掛かりません**でした。退屈なのです。実に**退屈なだけだった**のです。

あのまま年を取れば、確実に早晩認知症になっていたかもしれません。そこでまた**何かに挑戦してみたくなった**のです。

いま思えば、単にセミリタイアという言葉に憧れただけで、一度してみたかっただけかもしれません。魔が差したということでしょう。それは幻想にすぎませんでした。

無借金のセミリタイア生活は、目論み通りにはいきませんでした。

理想の家

セミリタイアしたといえ、**年間3分の2ほどのシーズンで働いて稼ぎ、あとの3分の1のオフシーズンは旅行**という生活パターンができ上がっていました。

その上、借金もなくなり、それまでの収入実績から、「もう、あくせく働く必要はない」と悠々自適を決め込んだのです。それはそれは優雅な生活でした。

ところが、2、3年が過ぎた頃、違和感を感じ出しました。冬眠中のクマのように退屈過ぎて面白くない、張り合いがない、緊張感がないという、どうでもいいような心境でした。関心は、子どもの成長だけだったかもしれません。

しかし、子どもたちも成長とともに親離れしていきます。そうこうするうちに、私の心の中で何かが蠢（うごめ）き出しました。そして、それは日に日に膨らんでいき、止めることができなくなりました。

古民家コンドミニアム&カフェといった、当時はほかにまだ類を見ないスタイルが受け、マイペース経営ながらも千客万来でした。それに気をよくし、**眠っていた事業意欲がまたメラメラと燃え上がってきた**のです。

もともと普請道楽の性癖があるので、自分の理想の家を建てたくなりました。「そうだ、もう一度究極の**理想の家を建てよう**」と思ったのです。

そしてその家を自ら設計しました。

ただそのためには、また新たに借金をしなければなりません。貯金はありませんでしたが、日々の収入が安定していたので、これまでの経験から全く返済の心配はしていませんでした。

予期せぬ出来事

そこで、２００４年（56歳）、その費用１５００万円を銀行から借り入れました。今のペースでいけば10年といわず返済できると踏んだのです。そして、４年ほどは思惑通りに運びました。

ところが２００８年、あの忌々しいリーマンショックが起こったのです。その悪影響は想像を絶するほどの凄まじさがありました。突然、**お客さまが一気に減り、デフレで値段は下がるなど、ダブルパンチを受け**

ました。

これは全く予期していなかったことです。さすがに慌てふためきました。それまで順調だった夫婦の間もどこかぎくしゃくし始めました。時を同じくして子どもたちがアメリカ留学をしていたので、その教育ローンも大きくのしかかってきました。

台所は火の車でした。もう破産寸前です。まさに**逆風が吹き始めた瞬間**でした。その時、私はちょうど還暦を迎えていました。

折しも、政権が当時の民主党に移り、モラトリアムが発動されました。1年間の支払い猶予のおかげで、月々の返済額も半分で済むようになりました。返済期間は大幅に伸びましたが、資金繰り面はどうにか救われたのです。

ダウンサイジングという ライフスタイル

一般的に、高齢者におけるダウンサイジングと言えば、住まいを小さくする、または資金繰りとして、生活費などお金の節約に重きを置くように見受けられます。

無駄を省き、切り詰める生活です。もちろん、それはそれでよいでしょう。しかし、**節約にも惨めな節約と優雅な節約があります**。節約して生活費を切り詰めるだけでは惨めになるだけです。

あまり貧乏くさくなるのは精神的にもよくありません。それより行動自体はそのままで、その内容や密度を濃くすることを意識した方がよいでしょう。節約ではなく合理的に無駄を省くことです。あくまでもローゴは優雅に豊かに生きることを目指しましょう。

シンプルライフの勧め

優雅な節約のためには、その人にとって何が必要で何が不必要かを明確にしなければなりません。その上で断捨離を行うべきです。

そのために、五つのS（simple・single・small・slim・sustain）を掲げ、生き方を簡潔にすることにフォーカスしましょう。それは清貧・知足の考え方であり、自分にとって価値のなくなったものを見つけ出して、自分の人生から切り離し捨て去るのです。モノだけでなく、人間関係も習いごとも趣味もセミナーやパーティも同様に断捨離します。

そうすることで**人生も、生活も、行動も、モノも非常にスリムになっていきます**。結果的に余計な出費が減るばかりか、時間が増え、さらに自分にとって一番大事なことに集中できるメリットも得られます。

清貧の思想と知足思想（お金をかけず、幸せになる方法）

多くを求めないことです。モノはさほど必要ないでしょう。むしろモノは溢れており、捨てるのにも困るほどです。何が欲しいかより、何がしたいのか、さらに突き詰めると**どうありたいのかを明確にする**ことです。

ローゴは、手に入れることより、**与えることにフォーカスしてください**。今あるものを大切にし、足るを知ることです。**これまで生かされてきたことに感謝するとともに、恩返しをしましょう。**

今あるものを独り占めにしないで、シェアしてください。そして、人のため、社会のためになるよう貢献してください。そうすることでローゴはさらに豊かになっていくでしょう。

それから、体力的なダウンサイジングも必要です。過激な運動を緩やかなものに変えるとか、回数を減らすとか、急いでいたものをゆっくりしてみてください。無理と諦めてやめるわけではなく、程度を抑えるくらいの方が快適ではないでしょうか。

暴飲暴食は控えましょう。また、テニスで無理に球を追わないとか、ランニングをウォーキングにするとか、頑張りすぎないようにすることが大切です。あくまで**精神的に優雅な気持ちを失わずに、体力的に無理をしないようにする**ことです。

ローゴのための3つの投資

老後のための貯金は止めて、ローゴのための投資を勧めましたが、一体どんな投資をすればいいでしょうか。

1　時間投資（お金より大事な時間）

ロージンは基本自遊人です。自遊人であるから、時間の使い方は自遊なのです。ダラダラ過ごそうが何をしようが、口出しする人はほとんどいません。だからこそ自己の時間管理が重要です。ポイントは、集中すること、動くことの2点です。

ほとんどの高齢者にとって、時間的束縛がないのが特徴です。お金はなくても体は思うように動かなくても、時間だけはあるはずです。おそらく一生のなかで最も自遊な時間があるのが、ローゴではないでしょうか。とはいえ、それほど多く残されてもいません。

一般的に、高齢になれば収入が減る代わりに、時間的に余裕が出てきます。その時間を有効的に使うのです。別に内職を勧めているわけではありません。

時間を好きなことに使うのです。それでは直接収入につながらない、と懸念されるかもしれません。でも、年を取ってまであくせくしたくありませんよね。年を取れば、贅沢をしなければほとんどお金が掛からない生活ができます。

食べるもの、着るもの、持ちものなど、さほど贅沢をする必要はなくなるでしょう。だからといって惨めになる必要もありません。

これまでに培った**知識や知恵を生かす**のです。あるいは人徳も生かせるでしょう。地位や名誉とは関係がありません。むしろそれらは通用しなくなります。人柄勝負になります。目先の利益を追うのではなく、先が短ければ短いほど、長い目で物事を見ることができるはずです。

つまり、こうすればああなるという経験上の知恵があるはずです。それを生かせばいいのです。もちろん、過去の栄光、成功体験だけでは通用しません。ですから、日々勉強、精進を積み重ね、進化し続けなければなりません。そういう意味でも**老害でなく、レジェンドになる必要があるのです**。

まさに「時は金なり」で、有効に使わなければもったいないのです。むしろ、お金より大切なものが時間と言えるでしょう。好きなこと、やり残したことに時間を費やすのもいいでしょう。

有効なのはボランティアへの活動です。たくさんの人が、いろいろな場所で、さまざまな形で、助けを求めています。世界には困っている人がたくさんいます。体力のある限り出向いて協力しましょう。私もＪＩＣＡ（青年海外協力隊）には二度参加しています。障がい者の方々の旅のお手伝いをしています。

そうして、徳を積むのです。**ローゴは得より徳を重要視**してください。

2　自己投資

自分への投資も怠ってはいけません。死ぬまで成長をすることが「生涯現役」の基本です。そのためには本をよく読み、旅をして、できるだけたくさんの人と会うことです。高額のセミナーや習いごとをする必要はありません。もっと自遊に**好きなことをしながら進化**し続けていってください。

3　次世代投資

子孫だけではありません。他人でも、夢を持って何かにチャレンジしようとしている人に出会ったら、投資（出資）をすることです。クラウドファンディングなどもその類でしょう。利益だけを優先した株式投資ではなく、いわゆる個人投資です。

別にお金だけに限りません。**助言やそばにいてあげることだって大きな力**になります。特に、子どもや孫にとっては、財産を残すより、想い出を残すことを心掛けてください。できるだけ一緒に過ごすことで、生きざま、死にざまを見せるのです。

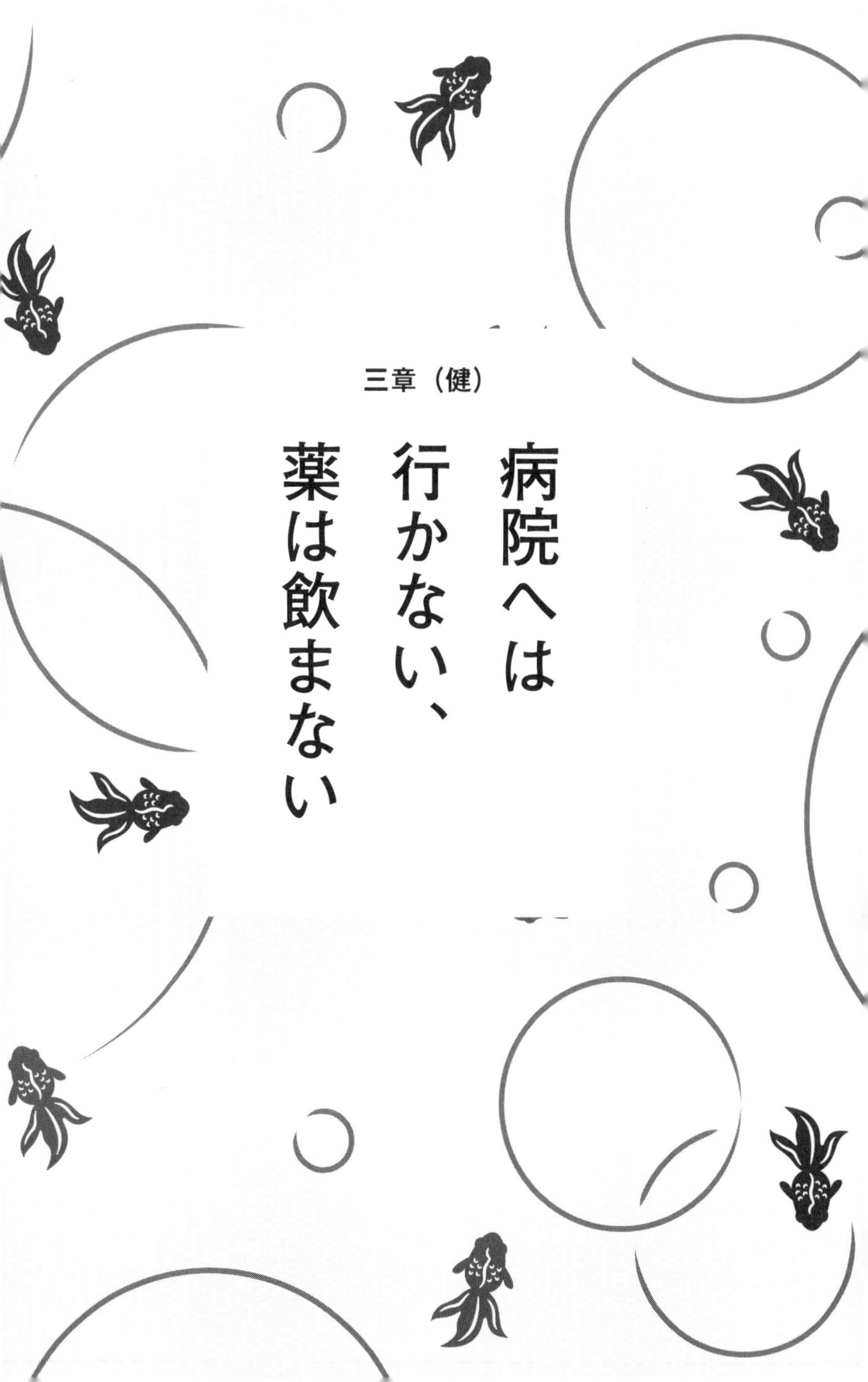

三章（健）

病院へは行かない、薬は飲まない

健康は命より大事!?

健康であれ、若くあれ、美しくあれ、格好よくあれ

健康を損なうと何をするにもいまひとつ調子が出ず、うまく物事が進みません。反対に**健康であればそれだけであらゆる可能性が広がります。**

もちろん、100%健康な人などいないでしょう。大なり小なり、誰しもどこかに問題を抱えています。そして、身体面に限らず、むしろ心の問題を抱えている人が多く、その数はどんどん増えています。

年老いたら健康を維持することは容易ではありません。しかし、努力一つでパーフェクトではなくても、ある程度健康を保つことができるのではないでしょうか。

一般に、健康には適度な「食」と「眠」と「運動」が欠かせないと言われます。加えて「心（精神）」があります。いわゆる、心の在り方です。生きるために「衣・食・住」が欠かせないのと同じように、**健康であるためには「食・眠・動・心」が欠かせません。**

元気は「氣」から

言うまでもなく身体と心は一体

「病は気から」と言われます。ならば「健康も氣から」と言えるのではないでしょうか。「もうダメだ」と思えばダメになるし、「まだ頑張れる」

と思うだけで力が湧いてくることがあります。それと同じで「**氣」の持ちようでほとんどの事柄は左右される**のかもしれません。

華厳経に「一切従心転」という言葉があります。「一切は心より転ず」ということで物事のすべて一切は「気の持ちよう」「心の持ちよう」つまり、**自分次第、考え方次第でどうにでもなる**という意味です。

「氣」の持ちようで大切なことは、「楽しむこと」。それを私は心掛けています。何事も、どんな状況でも、楽しむ気持ちを持つことです。

10年以上前のことですが、内視鏡の検査に行ったところ、血圧の高さを指摘され降圧剤を飲むよう処方されました。血圧計も買いました。測って毎日手帳に記録するように言われ、毎日血圧を測り、薬を飲みました。しかし薬を飲んでも血圧はあまり変わりませんでした。

時々飲み忘れるとそればかりが気になります。朝晩、血圧計で測らないと、ずっと気になってしまいます。それが逆にストレスになり、睡眠不足になりかけました。そして、**飲み忘れたのをきっかけに飲むことを止めてしまいました。**

それからもう約10年になります。血圧は相変わらず高めのようです。しかし頭痛などの自覚症状はありません。

普段、塩分を控えめにする、適度な運動をする、瞑想で心を落ち着かせる、などを心掛けています。それだけでも十分効果はありそうです。

たとえ薬を飲んでいても、脳梗塞や心筋梗塞にならないという保証はありません。なるときはなります。そう考えて、薬に頼らず普段の生活で摂生に努めています。

美食より粗食

普段の食事は質素にするのがよいでしょう。また、お腹いっぱい食べるのではなく、腹6〜8分目で抑え、食材は高級なものでなく、栄養バランスを考えて選ぶことに気を配っています。**シンプルかつストイックに生きた方が健康にいい**と思うのです。

美食家や食通になる必要はありません。食べ物に興味を持ち、味わって食べればよいのです。特に使われている食材に興味を持ち、**少しずつゆっくり噛みしめて食べるようにすると、少しでお腹いっぱい**になります。

私が食に関して気をつけていること

・よく噛んで食べる
・感謝して食べる
・出所を考えながら食べる
・好き嫌いせずに食べる
・満遍なく食べる
・お腹いっぱい食べない
・時間をかけてゆっくり食べる
・間食、夜食をしない

生活習慣

ルーティーンな毎日

私の毎日の生活、それは祈りから始まります。瞑想とともに、感謝と簡単なマントラ（幸せことば）を唱えます。それからコップ一杯の水をゆっくり飲みます。そして、筋トレ、ヨガを中心としたエクササイズを行います。シャワーを浴び、机につき、パソコンを起動してニュースやメールのチェックをします。そして、執筆にかかります。

息抜きは、ピアノやギターを弾くことです。主に敷地内ですが、散歩、散策もします。そして、お腹が空っぽになった夕方6時頃夕食を摂ります。

夜はリラックスタイムです。お酒を飲みながらテレビを観ます。英会話の勉強を兼ねて、ＢＳ放送で海外ドラマを観ます。その間海外を含め、いろいろな人とインターネットでチャットしますので、一人でいてもまったく退屈することはありません。

元気で長生きしたかったら、極力病院へは行かない、薬は飲まない

私は、子どもの頃「健康優良児」でした。おかげで、現在もほとんど病院へ行かないし、薬も飲んでいません。ですから今は「**健康優良爺**」で

す。これは何より両親のおかげだと考えています。

アレルギーもありません。だから、花粉症でもありません。何でも食べます。ですから丈夫に生んでくれた両親に心から感謝しています。

もちろん自分自身も健康には気を配っています。特に、2001年にそれまで元気だった父が、脳梗塞により急死したことも影響しています。76歳でした。それ以降、健康に気をつけなければと思いました。人間、いつどこでどうなるか分かりません。それから意識して一日一日を大切に生きるようになりました。

病気になりたくなければ、なるべく病院に行かないことです。そして、なるべく薬を飲まないことです（大けがなどの外科は除きます）。

なぜなら、**わざわざ病気を探す必要はない**からです。元気な人が、健康診断や人間ドックなどに入って、病気が見つかり病人になって帰ってくるなんて笑えない話も多いと聞きます。特に年をとれば、仮にガンになっても進行は遅いし、普段から健康に気をつけていれば自然治癒力でなんとかなる病気も多いのです。

自然治癒力を高める

それでも病気になることはあります。もし病気になっても、ほとんどは免疫力で治すことができます。本来、人には**自然治癒力というものが備わっています**。つまり、それによって病気は自分で治せるのです。

人は最低限の治癒力を備えて生まれてきます。おなかが痛いときに、さすったり手のひらを置けば、痛みが遠のくことがあります。頭が痛いときも同様です。これがいわゆる「手当」です。私は、この方法で胃潰瘍や腰痛を治し、大腸のポリープを自分の手で消し去りました。

このように自然治癒力を高めれば、病院も薬もほとんど不要になります。いわゆる「未病息災」を心掛けることです。それには、まず「**心の在り方を整える**」こと、それから「**食事の仕方を変える**」こと、そして「**呼吸法を取り入れる**」ことです。さらに、「**場、環境を整える**」ことも忘れてはいけません。

私は現在、山里の森の中に住んでいます。この環境が私の自然治癒力を高める一助となっています。なぜなら、清々しい良い「氣」の中に身を置いているからなのです。ここには高い「氣」の磁場が存在しているのです。

そして大病を患いたくなければ、普段からの生活習慣に十分に気を配ることです。すぐに医師の診察を求めるより、医師を必要としない状態を心掛けて、自分のライフスタイルをデザインすることです。私は、いつもワクワクドキドキした心持ちで、大自然の恵みに感謝して食事を摂り、生活の中に瞑想を取り入れています。

病気になったらどうしようと考えるのではなく、病気にならない、なっても軽くて済むような心掛けを常にしておくことが大切です。そのためには、いつも「**明るく**」「**笑顔で**」「**機嫌よく**」過ごすことです。そうすれば病気は寄り付きにくくなります。

その上で「身体に語りかけること」「感謝すること」により自然治癒力と免疫力を高めることができます。身体に声を掛けるのです。身体と対話するのです。

もし腰が悪くなったら、腰を優しくさすりながら「腰さん、いつもありがとう。無理をかけてすみません。もっと気遣って大切にしますね」と声掛けします。それは祈りやマントラとなって届きます。一種のアファメーションとも言えるでしょう。

病院へ行く時間と、薬を買うお金があるなら、旅に出よう

元気だから旅に出るのではない
旅に出るから元気になるのです

私は病院へも行かない、薬も買わないことで、浮いた時間とお金をほとんど旅に使っています。私にとって**旅は万能薬**です。気が滅入ったと思ったら旅に出ます。特に失恋などの心の病には効果的です。海外や遠くまで行く必要はありません。旅も習慣化すれば、苦もなく取り組めます。

筋肉マンになろう

高齢者になると、体力の衰えをどうカバーするかが大きな問題となります。体力の衰えとは主に筋力の衰えに他なりません。年を取って筋肉が衰えるのではありません。**鍛えないから衰えていく**のです。

筋力の衰えを防ぐには筋力トレーニングを欠かさないことです。とにかく身体に適度な負荷を掛け、体を動かす、使うことです。私は、スクワットをしたり、ダンベルを使ったりしています。

身体を鍛えるメリットは数え切れない

服装に気を配ることはもちろんですが、裸の姿にもっと気を配ったほうがよいでしょう。今は、商談でサウナやマッサージに行くことも珍しくありません。そんな時、みっともない身体は恥ずかしいものです。だらしない体つきより、ピシッと引き締まった身体の方が同性異性を問わず、魅力を感じさせるものです。スーツが似合う男になり、カジュアルもバシッと決まります。

ガタイのよさは、昔から契約や報酬の上下にも影響するビジネスマンにとって重要な要素となっています。ＩＴ関連会社の社長などがこぞってジムトレーニングで汗を流すのも相手に「なめられない」ためでもあります。

また、**運動を習慣的に行えば肥満を防ぐことができ、高血圧や糖尿病などの生活習慣病の予防や改善に役立つ**ことが知られています。保険の加入にも影響のある健康診断なども数値が良くなっていきます。最近の研究結果では筋肉を付けることでガンが予防できる、という報告もあります。

筋肉が付くと体温が上がり、免疫力が向上します。基礎代謝が上がって1日の消費カロリーが増えるので、太りにくく痩せやすい体質になります。ダイエットとしても効果的な方法です。

一般に体重が減れば免疫力が上がります。免疫力が落ちると風邪を引きやすくなります。高齢になって風邪を引くと肺炎になりやすく、命を

落としかねません

免疫力を高める方法は、筋肉を付けるのが一番です。**筋肉は「命の源」**とも言える存在で、筋肉の多い人の病気での死亡率は、筋肉が少ない人の半分という研究結果もあります。

筋肉を付けると、グルタミンが供給され、肺炎に立ち向かうときのリンパ球が増えると言われています。さらに、筋肉の量が多いと糖を取り込みやすくなり、糖尿病になりにくい体質をつくります。

そして、最近では筋肉からホルモンが分泌されていると言われています。そのホルモンのおかげで動脈硬化になりにくいという研究も出てきているそうです。リンパ球が増えることで免疫力が高まって、強い身体になっていきます。リンパ球とは、ウイルスや細菌と闘ってくれる免疫細胞の一つです。

私の体の鍛え方（筋トレ&ストレッチ&ヨガ）

筋肉を付けるためには、まずは筋トレ&ストレッチです。必ずしもお金を掛ける必要はありません。すぐにジムに行ったり、通販の器具やモノに頼る必要がないということです。「いわんや薬やサプリをや」です。**普段の生活のなかでいくらでも筋肉は鍛えられます。**

私は手持ちのダンベルを使って筋トレをします。一つが6キロのものです。これは若い時から使っているので両方で12キロですが無理なく持ち上げられます。

年を取ってからいきなり始めるのは重過ぎるでしょう。主にお風呂上がりに、鏡の前で裸で前から横に開いたり、両脇から上に持ち上げたりします。だいたい20回を目安に行います。あくまでも自分のペースで行ってください。

最初は2、3回でもいいでしょう。だんだん慣れていきます。慣れたら、スクワットも同時に行えばより効率的でしょう。チューブを使うのもお勧めです。こうして筋力を付けます。少なくとも筋力の衰えを食い止めることはできます。特に、体幹と言われている腹筋と背筋や大きい筋肉の太ももなどを中心に鍛えればもっと効率がいいでしょう。

ダンベル、チューブ、エクササイズボールなどもいいですが、私は野球の硬球ボールやテニスボール、ゴルフボールをいつもそばにおいて、気晴らしに使っています。手のひらの刺激や、握力を付けるのに最適です。ベッドの上でヨガやプランク（体幹トレーニングの基本メニューの一つ）もときどき行います。

ヨガを併用

上記に加えて簡単なヨガを取り入れています。ベッドに寝転んでするくらいのものでもいいのです。自分の肉体を確かめる意味で裸で行います。お腹や脇腹の出方は気になるものです。ついでにヨガのポーズもいくつかこなします。

ヨガのポーズは何十種類とありますが、立木のポーズや英雄のポーズと呼ばれる一般的なポーズのみです。ややこしいポーズや自分にとってきついポーズはめったにしません。これらは**時間や体調に合わせてやればいいので、無理をする必要はありません**。

それから就寝前にベッドや布団に寝た状態で軽くヨガをやれば、睡眠を促す作用もあります。その場合は、バッタや橋や魚のポーズといったものがいいでしょう。そのほか、顔ヨガ、鼻うがい、眼球運動などを行っています。

笑いヨガ Loughter Yoga

面白いから笑うのではない。笑うから面白くなるのだ

私は**「笑いヨガ」のリーダーの資格を持っており、インドの本部からアンバサダー（笑い大使）の称号もいただきました。**

「笑いヨガ」は１９９５年インドから始まり、今では世界１００か国以上に広まっています。声に出して笑うことで、括約筋を刺激し心身ともに健康にしてくれます。それに、笑いは人と人との距離を縮めてくれます。人間関係も良くしてくれます。また、笑いは世界共通なので、グローバル活動の一環としても大いに役立っています。まさに**「笑う門には福来たる」**ですね。

瞑想

体力、氣力を養い、覇氣ある日々を送るには瞑想が最適

私は空手をやっていた関係で、高校時代から座禅を始めました。旅の途中で禅寺を巡り、泊まったりもしました。自然の中で暮らし始めてから「気功」にも目覚めました。普段の生活のなかで**座禅を組んで心を落ち着かせていると、不思議と何かパワーを感じる**ようになったのです。

自分自身の腰痛や、胃痛を手当てによって鎮めることができ、胃潰瘍や大腸にあったポリープを消すこともできました。「気功」による自然治癒力のおかげです。

そうした経験が高じて、数年前瞑想に行きついたのです。私は、自らの瞑想を高めるために、インド、ネパール、スリランカ、ミャンマーの瞑想センターや瞑想場所を訪ねました。そして、今の所に「阿蘇瞑想の森」を開いたのです。

最近はメンタルを患う人が急増しています。メンタルに狂いが生じると、体調にも影響を及ぼします。メンタルの治癒には瞑想が効果的です。瞑想は少し要領をつかめば、いつでもどこでも時間も自由自在に行うことができます。心身の安定にとても有効な手段です。

もしも病気になっても、病気と上手に付き合う

あくまでも自然体で臨むことです そして治ったと思えば治るのです

私の2番目の奥さんは乳がんを患いました。幸い手術が成功し、転移もせず、それから20年以上経った現在でも元気に暮らしています。その時、子どもたちは11歳と5歳でした。まだまだ子育てが必要な時期でした。そうした**生き甲斐を持つことで免疫力が増える**のではないでしょうか。

私も今はまだ元気ですが、明日はどうなるか分かりません。事故や災害に遭うかもしれないし、脳梗塞や心筋梗塞で倒れるかもしれません。あるいは、糖尿病や痛風を発症するかもしれません。

いくら気をつけていてもこればかりは分かりません。ただ、そういう状態になった時にどうするかをいつも念頭に置くことがとても大事です。

もしそうなっても、現状を受け入れ、その範囲内でできることをすればいいのです。

もちろん、そう簡単にはいかないでしょう。本人の前向きな考え方と、周囲の支えが一番です。**どんなに重い病気になっても、要は人生を諦めないこと**です。死ぬまで希望を持って生きることです。

四章（人）

自遊と束縛の狭間

「自遊」の3条件

「時間」「体力」そして「資金」があれば大概のことはできます。なかでも時間はみな平等で限られていますが、高齢者は比較的時間に余裕があるでしょう。問題はそれをいかに有効かつ効率的に使うかということになります。ボーっとしていても一日は過ぎます。何かの**使命感を持って行動的になれば、充実した時を過ごす**ことができるでしょう。

それには体力、氣力が必要になってきます。体力は、日々衰えていきます。ですから鍛えなければなりません。私は前述したように普段は主に筋トレ、ストレッチ、ヨガを行っています。そして機会を見つけては、乗馬、テニス、空手、合気道なども行います。瞑想によって氣力も養えます。

趣味も必要です。私の場合は、上記のスポーツに加え、音楽（ギター、ピアノ、歌）、ダンス、アウトドア全般を行っています。そして私は瞑想ヒーラーでもあります。

知識を養い、それを知恵として生かすにはさまざまな体験を通じて経験を積むことが重要です。それには旅が一番だと思います。異国に行き、異人に会い、異文化、異宗教に触れ、異食を口にする。たまに異色もありますね。

資金はどうしているかというと、これは稼ぐしかありません。もちろん預貯金や財産があればいいですが、ほとんどの人はそれは十分とは言えないでしょう。端的に言えば、稼ぐ素材を知っているか、あるいは持っているかに関わってくるでしょう。その術を知っていれば、自然にお金が集まってくるようになるのです。

実は、それには日ごろの行いが大きく関わってきます。一言で言えば**徳を積むこと**です。「**徳して、尊しろ**」です。損得勘定ではなく、特にこれからの時代「**尊徳感情**」が大事なのです。実はこれが人生を好転させる秘訣なのです。

自遊と孤独

多くの人は自遊を求めます。自遊になりたい、自遊でありたいと。

自遊とは、他からの強制・拘束・支配などを受けないで、自らの意思や本性に従っていることをいい、心のままであること、あるいは外的束縛や強制がないことです。

自遊には、選択の自遊があります。自分で選べるのです。働いているから不自由で、働かなくていいから自遊かといえばそうではありません。働くか働かないかを選ぶことができるのが自遊なのです。

自遊への代償

自遊であるためには、時には孤独を受け入れなければなりません。

私は、田舎暮らしをしています。森の中の一軒家で一人で暮らしています。何日も家から一歩も出ないで過ごすこともあります。その間、人に会うこともありません。それでも、**孤独を感じたことはありません**。人恋しくなったら外に出ればいいのです。いろいろなコミュニティやイベント、パーティーなどに行けばいいのです。一日中、家の中にいても、FacebookやLINEなどのSNSでいつもチャットしています。ときには煩わしいくらいです。

独りだから孤独だとは限りません。誰といても魂がつながっていなければ、それは孤独なのです。物理的に離れていても**魂がつながっていれば、決して孤独を感じることはないでしょう。**自遊を得るために孤独になる必要もなく、自遊と孤独に相関関係はありません。

ローゴの人間関係

一人ぼっちの孤独感には耐えられても、二人でいるときの寂寥感、仲間といるときの疎外感には耐えられない

老いに伴う堪えがたい苦しみに、孤独という問題があります。それも考え方一つなのです。一人きりだから孤独なのかというと、家族や仲間

といても、孤独を感じることもあるでしょう。疎外感かもしれません。

一人暮らしでも今は社会とつながる方法はいくらでも見いだすことができます。むしろ、一人でいられることの方がありがたいかもしれません。第一、人間関係に煩わされることが少なくなります。つながりたければ、いろんなコミュニティーに出掛けて参加することもできるのです。インターネットでチャットすることもできます。

考え方として、そもそも人は孤独であるといった前提に立つことです。**孤独（一人）であれば、それを受け入れて楽しむ**といった心構えを持つことです。時空を越えて、一人静かに自分を見つめ、何かしら大いなるものの存在に気づき、心を開くことのできる得難い恵みの時間ととらえることもできるでしょう。

突っ走ってきた人生を静かに振り返り、何か忘れ物をしてきたことに気づくかもしれません。やりたかったことをやらずに来てしまった、感謝の言葉を伝えていなかった、などなど。それらをこれからどう取り戻していくかを考えれば、孤独に浸っている時間なんて案外ないのかもしれません。

家庭があればよいのか、家族がいれば寂しくないのか。そもそも家があればよいのか。疑問はそこに行きつくのではないでしょうか。冷め切った夫婦関係、どこかぎくしゃくしてよそよそしい家族を見るには枚挙に暇(いとま)がありません。

年を取れば孤独になるのか

孤独を礼賛するつもりも忌避するつもりもありません。孤独であろうとなかろうと、その状態を楽しめばいいのです。いけないのは、いま自分の置かれた状態を忌み嫌い、悔やむことです。

家族や仲間といる時と自分一人の時間を区別し、その時間と気持ちの使い方にメリハリを付けることです。誰かと一緒の時は一緒に楽しめばいいいし、一人の時はその時間を大切に使えばいいのです。

決して一人ではない

一人で過ごす時間も多くなった昨今ですが、一人でいることと孤独とはまったく次元が異なってきています。実は、一人でいて一人ではないのです。特に、インターネットが使え、SNSで世界中とつながれるようになった現代では、リアルであれ、バーチャルであれ、一人の意味合いがまったく違ってきているのです。

もし、**一人で寂しいと思うなら助けを求めればいい**のです。それが言えないのであれば、SNSやブログでつぶやいてください。あるいは、それらでつながっている人たちとチャットするのもいいでしょう。

私は、世界中の人たちとつながっているので、しょっちゅう誰かがメッセージを送ってきます。暇を持て余したり、時間があればそれに付き合えばいいのです。一人でいても、**誰かとつながっているという意識を持てば、寂しいという感覚は薄らぐ**でしょう。

孤独と寂しさ

一人暮らしは孤独ですか？　配偶者やパートナーがいたときは孤独ではなかったですか？　同じ屋根の下にいてもどこか寂しさを感じたことはありませんでしたか？

子どもが親離れし始めた時、独り立ちの喜びと同時にどこか寂しさを覚えたことを思い出します。**孤独ではなく、寂しいのです**。一人だから孤独、二人でいるから、誰かと一緒だから、家族がいるから孤独ではないというわけではありません。

寂寥感を覚えた時、人は孤独を感じるものです。寂しさを孤独と置き換えているだけかもしれません。寂しさは紛らわせても、孤独はそうはいきません。

家庭にいても似たような感覚を味わうことがあります。自分の居場所がないのです。どこか居心地悪く感じるのです。または、一人で仕事や趣味に没頭している時、いくら好きな人でも邪魔に感じるものです。一**人にして欲しいと思うときだってあります**。

そんな時は配偶者や家族が鬱陶しく感じるものなのです。一人だから孤独である、孤独は寂しいものだと思うのは、時と場合によるものではないでしょうか。

むしろ誰かと一緒だから孤独でないかというと、必ずしもそうではない時もあるでしょう。私は、自然の中に一人でいるより、**都会の雑踏の中にいる方が孤独を感じる**ときがあります。耳を澄ませば、自然はそれだけで語り掛けてきます。風が、木が、波が。

雑踏の都会では誰も見向きもしません。語りかけることもありません。これを孤独と言わずして、何と言えばいいのでしょうか。

私は、森の中に一人で住んでいます。孤独かもしれませんが、孤立はしていません。常につながりを感じています。むしろ**一人暮らしの気楽さを満喫**しています。特にこうして執筆している時は、孤独に浸っています。

孤独にならないと書けないわけではありませんが、常に自分をさらけ出し、見つめながら書くには孤独な状態に身を置くのが一番です。ただ、ずっと森の中に引きこもっているわけではなく、出掛けることがほとんどです。国内外の旅に出ていることも多いので、帰ってきて一人こもる時間を貴重に思っています。

孤独の解消

愛があれば孤独にはならない

たとえ家族でなくても、愛する人がいればそれだけで孤独感は薄らぎます。特定の人がいなくても、周りの人に愛をもって接することで孤独ではなくなります。なぜなら、そこには親切心があり、優しさがあふれるからです。相手のことを思いやることで人は親近感を持ちます。温もりを感じます。その**温かみが孤独感を解消してくれる**のです。

人だけでなく、モノや出来事にも愛を感じてください。愛とは慈しみであり、感謝なのです。それが伝わった時、自分自身も孤独から解き放たれます。**海のように深く、大空のように高い気持ちを持ってどんな人にも接すれば、決して孤独感を感じることはない**でしょう。

五章（時）

老いの恥はかき捨て

死ぬとき後悔しないために

死ぬとき後悔することを集約すれば、「**もっとやりたいことをやっていればよかった**」ということです。やりたいことは人それぞれ違うので、要は**自分らしく生きたかどうかが問われる**のです。

人は失敗を恐れてリスクを回避します。起業したかったけど失敗するのが怖くて、ずっとサラリーマンを全うした。お金がなくなるのが怖くて、旅行に出掛けなかった。仕事がなくなるのが怖くて、家族とあまり一緒にいられなかった。嫌われたくなくて、言いたいことも言わなかった、など。

人は多かれ少なかれ、見栄を張って生きています。男（女）として、夫

（妻）として、親として、大人として、社会人として、その立場の責任がありプライドもあります。したくないことも、しなければならない時もあります。ずいぶん我慢もします。

だったらどうでしょう。もうここまできたら、やりたいことをやろうではないですか。**残りの人生、もっと自分に正直**になってみてはいかがでしょうか。

何かやろうとしても、先立つものがとか、時間があればとか、どれだけ言い訳で逃げてきたでしょうか。それを死ぬまで続けるから後悔するのです。もう言い訳はやめて、素直になり、何がやりたかったのかじっくり考えてみてください。

そして、それを実行に移しましょう。**失敗してもいいじゃないですか**。人生の失敗は、何かにチャレンジして、うまくいかなかったことではなく、リスクを恐れて実行に移さなかったことなのです。

また、何かやろうとするときに、まずお金という概念を外してみましょう。やりたいこと、場所、時間、体力だけをそろえてみましょう。そして、絶対やれるという前提に立って考えてみましょう。

なぜ私は、家族4人世界一周の旅ができたのか

私は47歳のとき、なぜ家族4人で400日間世界一周の旅ができたのでしょうか？　答えは、**実現したいと本気で思っていた**からなのです。そうしたら、周りの環境、条件がすべてそろっていったのです。それはもう自分でもびっくりするくらいでした。

仕事、家族、健康（体力・気力）といったものを一つひとつクリアしていったら、資金もついてきたのです。代わりに留守中の仕事を引き受

けてくれる人まで出てきました。予期していないことが次から次へと起こり始めたのです。**何かの力で後押しされているかのようでした。**

そうなったらもう世界一周に出るしかありませんでした。そして今、また世界一周の旅に出ようとしています。

人は物質的な対価より、精神的な満足を最後に求めると言います。年を取るとなおさらです。お金は必要ですが、まずお金ありきの考え方は止めなければなりません。

ここまで生きながらえてきたことは奇跡なのです。若くして死んでいった友人、知人もたくさんいます。その人たちのためにも、精一杯生きなければなりません。

「あなたが空しく生きた今日は、昨日死んでいった人が、あれほど生きたいと願った明日」というセリフがあります。**老後を虚しく生きるには、**

あまりにもったいないのです。終わった人生にするのはあまりにもったいないのです。

今からやりたいことは全部やり切ろう！　始めるのに遅いということは、何一つないのですから。いつ死んでも「思い残すことはない！」と言い切るためにも。

不老不死は不可能でも、不老長寿は可能な時代

70歳になったらいつ死んでもおかしくない、と思うようになりました。

私の父は、76歳の時、脳梗塞で急死しました。いつも元気でした。現役

の税理士として、クライアント企業に向かう途中、街の通りで倒れました。近くにいた通行人の方が、救急車を呼んでくださり、病院に運ばれました。連絡を受け駆け付けた時、すでに父の意識はありませんでした。そして、翌日息を引き取りました。

それを目の当たりにしたとき、どんなに元気でも、こうして**人はいきなり亡くなる**ものなのだと知りました。

一方母は、父が死んで一人暮らしになり、しばらくして入退院を繰り返すようになりました。自宅ではヘルパーさんも手に負えなくなり、施設に入ることができました。肺炎や腸炎で何度か危ない状態にはなりましたが、15年ほど施設で暮らし、89歳で他界しました。最後の2年間ほどは、息子の私のことさえ分からなくなっていました。

対照的な死に方をした両親を見て、複雑な心境になりました。平均寿命に満たなかったがピンピンコロリで亡くなった父。平均寿命以上に長生きした母の最期の15年は寝たきり状態。理想は、母のように長生きして、父のようにピンピンコロリと死んでいくことではないでしょうか。死に方や死ぬ時期を選ぶことはできません。ならば、**いつ死んでも悔いのない生き方をしたい**ものです。

好奇心とチャレンジ精神（闘争本能）を忘れない

好奇心と冒険心を持って何かに挑戦し続けてるうちは、決して老いることはないのです

若い頃、特に10代後半、失うものは何もありませんでした。地位も名誉も肩書も財産も何もありませんでした。好奇心の赴くまま、体力に任せ、気が向いたことにがむしゃらに挑戦していました。手当たり次第にいろいろなアルバイトをし、わずかなお金で旅に出ました。何も分からずに学生運動に走りました。その流れで学生結婚もしました。怖いもの知らずで、すべてが新鮮で輝いていました。

そして今、同じような情熱の中にいます。地位や名誉や財産も築きました。もちろん年も取りました。そんな中で20歳前後の時のような、いや、それ以上の情熱に燃えているのです。

もしも失ったものがあるとしたら、それは体力でしょう。しかし、それを補っても余りあるものがあります。それは、経験であり、知恵であり、気力です。これまで築いた地位や肩書、名誉は何の役にも立ちません。むしろお荷物です。

プライドでがんじがらめになってしまうのです。**変な見栄や外聞は捨てましょう。**一からやり直す気持ちで謙虚に取り組みましょう。

言霊

思い込みや偏見を捨てましょう
そして人生を諦めないことです
やりたいことは全部やることです
そのためには、まず普段使う言葉に気をつけてみましょう

言霊ってとても大事です。普段何気なく使う言葉が、人生を左右するほど重要なのです。その人の生き方は、**日常的に使う言葉**に大きく影響されます。

人の悪口を言う人は人間関係に悩むでしょう。愚痴ばかりこぼす人は、何をやってもうまくいかないでしょう。妬みや恨みを心に持つ人は、人間的に成長しないでしょう。否定的、悲観的であればそのように、肯定的、楽観的であればまたそのような人生を歩みます。

口から出た言葉がその人の人生となります。使う言葉に気をつけなければなりません。

例えば、自分から「もう年だから」とは決して言ってはいけません。たとえそう思っても言葉に出してはいけません。なぜなら、言葉にすれば本当にそうなるからです。言葉に出せば実現する。だから、**夢を言葉にすれば、それは実現する**のです。

言葉とは天に唾するようなもので、全部自分に降りかかってきます。相手を罵れば、それは自分を罵ることです。批判すれば批判がブーメランのように自分に戻ってきます。ですから、**どんなことにも感謝**することです。嫌なことでも受け入れることです。

言葉だけではありません。考え方、態度や行動も人生を変えるのです。もうダメだと思えばダメになるし、まだやれると思えばやれるのです。**使う言葉、考え方、行動**で人生は180度変わります。

もういい年をしてとは言わせない

自ら老け込む必要はありません。私は自分の**年齢を意識しない**ようにしています。まずは、年を取ると衰えるという考えから脱却しましょう。年を取れば認知症になる、介護が必要になる、ということを前提に物事を考えるのではなく、ならないようにするにはどうすればいいのかにフォーカスして生きましょう。

できない何かを年のせいにするのは愚かなことです。年を忘れることです。そして、むしろ**年不相応な行動をする**ことです。「いい年をして」と言われるようになるのです。年寄りの冷や水と言われることをやるのです。犯罪でなければ笑われてもいいじゃないですか。笑う人は羨ましいのですよ。

「この年でいまさらやっても」「どうせこんな年寄りなんか」などと、自分には人生を変える力はないと思っていませんか。自分の能力なんて、たかが知れていると思っていませんか。何か新しいことに踏み出すことが怖くて仕方なくありませんか。失敗して年寄りの冷や水と言われたくないのですか。

むしろ、いい歳をしているからできることがいっぱいあります。何もしないうちから**自分から否定するのはやめましょう**。

自分に熱狂して、クレー爺になろう

無駄より無謀な人生

やりたいことをやらないのは無駄な人生です。それより、**無謀な人生の方がずっと面白く、愉快な人生**になります。この際、敢えてリスクを取ってみませんか。そして、もし失敗したとして、どうしようもなくなっても、最後の手段として開き直ればいいのです。「命だって欲しけりゃくれてやる、持ってけ」くらいの気概で臨んでみましょう。どうせ近々死ぬのだから、と啖呵を切るくらいでちょうどいいのです。

スーパーロージンになろう！

「最近の若者は」とか「最近の年寄りは」という言葉は、蔑んだり非難気味に言うものですが、「今どきのロージンは」というときには、元気すぎるというニュアンスで、尊敬や憧れの意味合いが強いのです。

いまどきのロージンは、とにかく元気、行動的、びっくりするくらいよく動く。昨日は東にいたかと思えば、今日は西、明日は南といった具合に神出鬼没です。そしてよく飲む、食べる、しゃべる。人と会い、語り合う。旅をこよなく愛する。好き嫌いをしない、愚痴をこぼさない。夢を語るのが大好き。前向き。ポジティブの塊。

それでいて、寛容の精神と包容力がある。グローバル的思考を持ち、ダイバーシティとインクルージョンという感覚を兼ね備えているのです。

そして健康に気を配り、心身を鍛えています。仕事や遊び、趣味もバリバリこなし、それなりに優雅（贅沢ではない）な暮らしをしているのです。加えて、経験や知識が豊富な上に好奇心に満ちあふれ、いまだいろいろなことに挑戦しています。

「主観年齢」と「見た目年齢」

「主観年齢」とは**自分を何歳だと思っているか**、ということです。例えば、私は48歳だと思っています。実際は71歳ですけど。そうすると、自然と48歳の動き、考え方になるのです。

実年齢より、見た目年齢の方が大事なのです。

問題は、見かけと態度（行動）だと思っています。見かけとは、主に顔つきと姿勢。顔は、肌やしわもそうですが特に目の輝きです。よく目力とか言いますが、**目力のある人**は、それだけでも情熱を感じます。姿勢は、背筋と歩き方です。背筋がシャキッと伸びて、颯爽と歩く人には勢いを感じます。人はそれで年齢を判断しがちです。

ボランティア

スーパーボランティアの高齢者の方が話題になりましたが、誰しも特技や好きを生かしてお手伝いができます。社会に恩返しできるのです。私は、10日間、全盲の方のアテンドをしてベトナムに行ったことがあります。トイレとお風呂以外は寝食を共に過ごしました。

熊本に主に障がい者の旅のお手伝いをしている旅行会社があります。障がい者の方も旅好きの方がいっぱいいらっしゃいます。車いすの方が多いので、２０１８年念願のリフトバスが導入されました。それで、旅行のお手伝いをしています。自分がいつ逆の立場になるか分かりません。できる時にできることをしておけば、後悔することもありません。

「おとなの学校」

知人が「おとなの学校」というものを営んでいます。２日間にわたって参加させてもらいました。主に、老人ホームやケアセンターで行われていますが、施設入居者を中心に学校（主に小学校）のシステムを取り入れて授業を行っています。

算数、国語といった独自の教科書を作り、それに基づき、先生が黒板の前に立ちますが、どちらかといえば、生徒である80代、90代の高齢者の方が、若い先生に教えることが多いようです。**脳の活性化を**図ることで、元気な高齢者を排出しています。

これは、介護予防を目指すもので、いわゆる認知症などの症状を和らげたり、罹らないためには効果的だと思いました。これからのトレンドは、**介護されない生き方**です。この試みは、これから全国に普及していくでしょう。まさに一生勉強、日々精進ですね。

六章（起）

ロージン革命

ロージン革命

お金持ちではなくとも、お金の苦労から解き放たれ、心身ともに健やかで、人間関係に煩わされることなく、かつ家族や仲間にも恵まれ、死ぬまで若くて健康で美しく、希望に満ちた人生を楽しむことができるならば、どんなに幸せでしょうか。

一般的に年齢を重ねると体力が衰えたり、健康を害したり、金銭的に苦労したり、孤独を感じて落ち込んだり、と悲観的に考えがちですが、気の持ちよう、考え方次第で良い方向に切り替えられます。

どう切り替えるかというと、長い目で今日を楽しむことではないでしょうか。長い目とは先を読むこと。いわゆる**先見の明を持つ**ことです。

そして、今日を楽しむこととは、今、ここに集中することです。「**過去を悔やまず、未来を憂えず**」です。

済んだことをいつまでも悔いてばかりいてもどうしようもありません。まだ訪れていない将来を心配し憂いても仕方ありません。希望と明るい夢を持つことです。そのためには、愚痴やボヤキを止め、取り越し苦労をしないことです。「**過去と他人は変えられないが、自分と未来は変えられる**」のですから。

自然体で生きる

まずは**自然体で生きる**ことです。

自然体とは、無理せず自分らしくあることです。素直な気持ちを持ち謙虚に振る舞うことです。

年齢を重ねれば、多かれ少なかれいろいろな経験をしています。そのなかで処世術なるものを身に付けてこられているはずです。裏切られたり、騙されたりした経験もあるでしょう。

だからといって、ひねくれてはいけません。リベンジなど考えるのはもっての外です。これまで生きてきた長い人生で、自分自身も人を裏切り騙したことがあるかもしれません。でも、助けてもらったことも、助けたこともあるはずです。

人は、悪いことをされたことはよく覚えていますが、良いことは忘れがちです。これまで一人で生きてきたわけではないでしょう。いろんな人のおかげでここまでやってこられたのではないでしょうか。そこにフォーカスしてみてください。自然に感謝の気持ちが湧いてくるでしょう。

その気持ちを大切にしてください。それが「愛」です。謙虚で素直な無垢の愛です。悪いことは忘れましょう。

そもそも出来事そのものに良いも悪いもないのです。受け入れ方次第で悪にもなり、善にもなります。憎しみにもなれば、愛にもなります。

すべてを受け入れれば、真の幸せは自ずと訪れます。

すべては必然

偶然に起こったことでも**すべては必然**なのです。起こるべくして起こったのです。良いことも悪いことも、なぜそれが起きたのかを考えてみましょう。きっと何か意味があるはずです。それに気づくか偶然として見過ごすかで人生のクオリティが違ってきます。

これまで起きたことの意味を検証してみてください。なぜ成功したのか、なぜ失敗したのか。それによって自分の未来が見えてきます。どうすればうまくいくのか、いかないのか。何らかのアルゴリズムがあるはずです。

成功したから幸せになるか、といえばそうでもないように、災難が起きたから悪くなるのかといえば、そうとも限りません。「**災い転じて福となす**」ことはできるのです。悪いことが起きても、腐らないことです。

むしろ、**良いことが起きたら警戒すべき**なのです。人にはバイオリズムがあります。好調、不調のサイクルがあります。けれど、それに拘ってばかりでもいけません。タイミングが決めてくれます。

ロージンよ、起業しよう

いったんリタイアしても、稼ぐ手段を持っているか否かでローゴの生活や気の持ちように雲泥の差が出ます。再就職もいいですが、ローゴは自分のやりたいことをやった方がいいでしょう。「こんなことをしてみたかった」と思うようなことがあれば、実行してみてはいかがでしょうか。

ゴルフ三昧、釣り三昧もいいでしょう。しかし、消費するだけでは資金にも限りがあります。生産性のある方が飽きなくてよいのではないでしょうか。

何をしたいか、何をするかがはっきりしている人はいいのですが、何をすればいいのかが分からない人もいるでしょう。その時は、子どもの頃の気持ちに返ってみてはいかがでしょうか。

好きを仕事にしてはいけない

好きで楽しんで稼げるようになればいいのです。稼ぐことと仕事にすることは次元が違うのです。

よく「好きなことを仕事にしなさい」というアドバイスを耳にします。しかし、**好きなことを仕事にしてはいけません**。なぜなら、**仕事になった時点で自遊が制限され、義務感が生じる**からです。

仕事とは、モノやサービスを提供して対価をもらう行為です。対価を得るために少々嫌なことでもやらなければなりません。そこにノルマが生じます。その時点で、趣味や好きなことではなくなることはよくある話です。嫌なことをするのはもうよしましょう。

好きとは、楽しく自遊であるものだと思っています。人から指示や命令され、義務になっては好きなことでも苦痛（ストレス）を感じるようになります。好きとは、本来楽しくなければならないと思っています。

私は、旅が好きで、旅をしたくて商社マンになりました。そして、入社3年目で念願の海外出張を仰せつかりました。

喜び勇んで海外に行くと「もう少しここにいたい」「ここまで来たならあそこにも行ってみたい」と欲望が湧いてきました。しかし、残念ながらそれは叶いませんでした。仕事ですから当然ですね。

だから、**好きな時に、好きなところへ、好きなだけ、好きな人と行きたいという願望が芽生えた**のです。

そして、脱サラして宿泊業を生業とすることでそれは実現しました。ところが、今こうして独り身になると、今度は「**ずっと旅をしていたい**」という新たな欲望が芽生えたのです。ですから、どうすればそれが実現できるのかを模索しています。模索することもまた楽しいのです。

私の場合好きなことは「旅」ですが、**好きなことをして、誰かの役に立ち、それで報酬が得られるのが理想**です。いわゆるドネーション（寄付）です。実際は、ただ働き（ボランティア）がほとんどです。

けれど、自分の好きなことをしているわけですし、楽しいし、人の役に立っているのであれば、それだけで有意義でありがたいことなのです。ただそれだけでは生活が成り立たないかもしれません。潤沢な預金や年金があれば何とか凌げるでしょうが、なかなかそうはいきません。**何らかの権利収入**があればいいのかもしれません。

仕事（ノルマ）という感覚ではなく、「志事」という意味、つまり、**志**

し（使命、ミッション）という感覚を持てば、ストレスを感じることなく楽しむことができるのではないでしょうか。好きなことといっても、本当にそれが好きなのか、心から楽しめるか、再考することも必要でしょう。

その上で、得意なのか、経験があるのかなどを鑑みて、どう収益化するのか、そのシステムの構築を図るのです。忘れてならないのは、あまりお金（資本）を掛けないこと、人に貢献できるものかどうか、すなわち**根底に「愛」**があるかどうかを見極めることです。

多額の借金は避けなければなりません。人を雇うことも極力避けた方がいいでしょう。起業しようと思うとき、儲かるからではなく、あくまでも好きだから、得意だから、楽しいから、に焦点を当ててください。**利に走れば、必ず無理**がきます。そして、儲からなくなる時がきます。その時のストレスで心身を壊しては本末転倒でしょう。

年を取ってからの仕事は、お金が儲かるより、その仕事が面白いかを主体にした方がいいのではないでしょうか。そしてお金より時間を優先させる方がいいでしょう。お金儲けに時間を割くより、好きなこと、やり残したこと、家族や友人たちとの付き合いに時間を費やすように心掛けるのです。**死ぬときに後悔しない**ためにも。

60歳からの5つの起業体験

私は、さまざまな起業を経験をしてきました。29歳で脱サラし、ペンションを始めたことを皮切りに3か所の田舎暮らしをしながら宿泊業に携わってきました。そして、60歳から、さらに拍車が掛かり、5つの起業を行いました。

英会話カフェ「フリートーク」（熊本市）、カフェ&日本語学校（ベトナム・ハノイ）、NPO法人「インターナショナル・プロジェクト協会」、ベトナムカフェ「カモン」（福岡市）です。

これらは2016年の熊本地震後、すべて閉鎖しました。そして現在旅をしながら、熊本県の阿蘇・西原村で瞑想センター「阿蘇瞑想の森」を開いていています。

この時の私のキーワードは、「旅」「英語」「ベトナム」「カフェ」「瞑想」というものでした。

いずれも**好きで得意で、自らが楽しめる**ものばかりです。自分の軸足をぶれないようにすることがポイントです。

老害からレジェンドへ

年を取ると、なぜ偉そうに上から目線で傲慢になり、さらに過去を自慢したり、説教臭くなったりするのでしょうか。あたかも何もかも知り尽くしたかのように振る舞う。それは、無駄に長く生きてきたことを隠すためかもしれません。

自慢げにありふれた武勇伝を語る。ときには、懐古的に嘆いて見せる。今はなき古き良き時代を。老いたら子に従えというまでもなく、**老いたら若者の言葉を聴く器量が必要**です。

これまで培った経験や技術、肩書、プライド、人脈といったものが素直さを邪魔している場合が多々見受けられます。歳を重ねれば重ねるほど、服を厚着して身動きが取れなくなる人もいるのです。

特に還暦を過ぎたら、玉ねぎの皮をむくように、それまで纏っていた服を一枚一枚脱ぎ捨てていきましょう。初心に返り、子どもに返って、もう一度人生を仕切り直すくらいの気概を持ってください。

知識や経験は豊富かもしれません。しかし、それはもう遠い過去のことです。日々変化している情報社会においてはすでに**陳腐化していることがほとんど**です。

もちろん、過去の経験が生かされることも多いでしょう。だからといっていつまでもそれを押し通すことは煙たがれることにつながります。若者は敬遠するでしょう。それがいわゆる**老害になる**のです。

そうではなく、他人の意見を聞きましょう。そして、自分の**知識や経**

験を疑ってみることです。価値判断も日々変化しています。これまでの常識が覆されているのです。過去の歴史も書き換えられるほどです。医学的な常識も次から次へと塗り替えられています。経済学も、いつまでもケインズに頼っているわけにはいきません。

人間関係や心理学もそうです。政治的にも、もはや力づくだけでは押し通せなくなっています。世界のパワーバランスも変化しており、新興国が頭をもたげてきています。戦後の日本の発展が驚異的であったのと同じように、転落するのもまた驚異的な速さで進む可能性だってあり得ます。いつまでも**過去の栄光にしがみついていると、置いてきぼり**にされます。

これまでの価値基準も一方的では通用しなくなっています。多角的な見方をしなければ、変化も進歩もありません。これからは、若者だけでなく、**外国人の意見**も取り入れていかなければなりません。移民が増えるからです。

好む、好まざるにかかわらず、日本の文化や生活習慣も変わらなければならないでしょう。それを「昔の日本はよかった」「ここは日本だから」といった論理ではもはや通用しません。「こうしてうまくやってきた」という、これまでの成功理論も通用しなくなります。

常識を疑う

これからは、今までの常識を疑い、検証し、外部の意見を取り入れ、改善して取り組む必要があります。つまり、現状に満足せず、むしろ現状に疑いを持ち、先を考えて行動しなければなりません。そのためには、**頭を柔らかくし、謙虚で素直**になることです。

何歳になっても、聴く耳と教えを乞う姿勢が求められます。人のアドバイスや助言を受けたり、苦言を呈されても、素直に受け入れましょう。そして、自らハードルを設定し、それを乗り越えていかなければなりません。人はいくつになってもその繰り返しで変化し成長していくのです。

こうして脳を柔かくし活性させれば、認知症やアルツハイマーになる確率も少なくなるでしょう。いつまでも若々しく元気溌剌でいられる可能性が高まります。そうすることで、老害はおろか、単なる好々爺にとどまらず、**レジェンドとして尊敬されるロージン**になれるのです。

死ぬまでモテ期を貫く

モテ爺（モテるロージン）になるための秘訣

レジェンドのポジションになると、自ずと魅力的なロージンになります。そうなれば、それなりに人が寄ってきます、もちろん、異性も。恋心を抱く人も出てくるでしょう。

知恵と経験に裏打ちされた余裕、器、懐の大きさ、大らかさ、寛容の精神、包み込む優しさ、安心感、癒力。そうした包容力と寛容性、器の大きさに伴い、品格、裕福（ふくよか）、優雅、華麗さが備わり、人間的魅力となります。

それに応じて、道徳心のある人格も備われば、年を取ってさらに魅力的になれるのです。そうなれば、年を重ねるごとに今が最高のモテ期と言えるようになるでしょう。

格好よく生きるためには外見も大事です。そのため、メンズエステをします。筋トレも欠かしません。服や持ち物のセンスも磨きます。

そして清潔であること。特に加齢臭、口臭に気をつけましょう。それが**ダンジー（ダンディジーサン）への条件**なのです。

もう歳だからといって、すべてを諦めるのはもったいないです。人生の価値は「**どれだけ長く生きたかではなく、どれだけ楽しんだか**」にあるのです。人生は、二毛作、三耗作であり、セカンドチャンス、サードチャンスがあります。夢を諦めず、かつ、死ぬまで男（女）を捨てる必要などまったくありません。人間である前に、男は男、女は女であるべきです。人生死ぬまで捨てたものではないのです。

社会貢献と恩返しこそロージンの使命

高齢者になるまで一人で生きてきたわけではありません。親をはじめ、恩師やさまざまな人たちから支えられ、助けられてここまできたのです。

これまで、**温かく支えていただいた方々を思い出してみてください。**

ここからは恩返し（恩送り）です。しかし、すでに他界されている方もいらっしゃることでしょう。あるいは近くにはいらっしゃらないかもしれません。直接その方に対してでなくてもよいのです。あなたにかかわる人々、誰に対してでもよいのです。**感謝の気持ちを伝えましょう。**

何かできることをして差し上げましょう。声を掛けるだけでもいいのです。挨拶するだけでもいいのです。そばにいて寄り添うだけでも、話を聞いてあげるだけでもいいのです。何もお金を掛ける必要はありません。気を掛けてください。

そして、社会貢献しながら自分も生きるのです。感謝と恩返しが恵み（施し）になり、愛になるのです。徳になるのです。**尽くす生き方**に徹しましょう。

生き方の極意

縁あって、人に出会ったら、いつも二つのことを念頭に置きます。まずは「この人のためにできることは何か」。それから「この人から学べることは何か」。二つとも、必ずあるはずです。

年を取れば何事にも億劫になるかもしれません。何かに完璧を目指したり、何かを極めようと肩の力を入れすぎるとなかなかうまくいきません。何をするにも**楽しむことを心掛けてください。**

いい意味でいい加減になればいいのです。やる前から嫌がらず、話も聞く前から断らないようにしましょう。何にでも好奇心と向学心、向上心をもって挑戦してみる気構えで臨むのです。そうすれば、**孤独に陥ることもなく、人間関係もうまくいく**でしょう。

サバイバル時代

私たち団塊の世代は特に厳しい競争社会を勝ち抜き、生き残ってここまできました。そして、今後もローゴの安泰は厳しいものになっていきます。ローゴはのんびり暮らそうなどと思っても世の中がなかなか許してはくれません。週刊誌などには老後破綻や孤独死などといった悲観的な記事が踊っています。

まだまだ、生き残りを掛けた熾烈な競争が続いていきます。これからも**しぶとく生きていかなければなりません**。いかに生き抜くかを真剣に考えなければなりません。決して諦めてはいけません。試合を放棄したらそこで負けです。

私たちは死ぬまで生き残らなければなりません。それには生き抜く知恵が必要です。昔から、強いものが勝つのではなく変化に対応できるものだけが生き残ってきました。それはこれからも不変でしょう。競争も残るでしょう。けれど、戦う相手は他人ではなく自分自身です。**これからは「適者適存」「共創時代」**なのです。

逆風満帆

ピンチはチャンス　誤算を生かす

人生はいつ、何が起きるのか分かりません。そして、人生には思わぬ誤算が付きものです。私も何度となく逆境に襲われ、ピンチに陥ってきました。

１９９１年（43歳）、台風で家が飛ばされ死にかけました。１９９６年（48歳）、前妻が乳がんになり、同時に借りていた町有地の立ち退き命令が出て、町から告訴され裁判になりました。２００８年（59歳）、リーマンショックが起き借金の返済に行き詰まりました。２０１６年（67歳）、熊本大地震に襲われ被災し、あらゆる事業を失いました。

だいたい５～10年おきに生死を左右するような出来事が起きています。そして、それらはすべての生活の基盤を揺るがします。つまり、多くは経済問題です。

大変革を迫られたのは、２００８年のリーマンショック以降でした。つまり、**60歳を過ぎてからライフスタイルの変革が起きた**のです。30年間続けた田舎暮らしから街へ、日本から海外へと新境地を求めて進出したのです。

ＪＩＣＡ（青年海外協力隊）のシニア版短期ボランティアでベトナム（58歳）やコスタリカ（60歳）を訪れ、海外への足掛かりを作りました。熊本市街地に外国人を雇って「英会話喫茶」をオープンさせました。そしてベトナムのハノイにカフェを開き、日本語学校の設立にも加わりました。

それから、納豆レストランを開こうとベトナム国内を東奔西走しました。着物を持ち込み、アオザイのリメイクを手掛けたりもしました。ココナツオイルをベトナムから大量に輸入しました。陶器のくまモン（もどき）の貯金箱もベトナムでつくり輸入しました。

そして、ホテルを営んでいた阿蘇の施設を人に貸し、福岡でベトナム人を雇い「ベトナムカフェ」をオープンさせたのです。ベトナムアイドルグループも結成しました。まさに逆風を逆手に取り、「逆風満帆」といったところでした。

そこに、２０１６年４月、熊本地震が２度も襲ったのです。67歳でした。前月３月に２度目の離婚をしたばかりでの大惨事でした。店は使えなくなり、店子たちもみな出ていきました。まさに**不幸の波が、「寄せては返すように次々と襲ってきた**のです。

すべての店を閉め、幸いにも残った阿蘇の施設に戻り身を置くことにしました。そこで、学生時代から心得のあった「瞑想センター」を開くことにしたのです。

いまやマインドフルネスをはじめ、精神文化が花盛りとなっています。世界的にモノより心を大切にする機運が盛り上がっています。**物質主義から精神主義**へと大きく舵を切り始めました。

私は瞑想修行のため、スリランカ、ミャンマー、そして、三度（みたび）インド、ネパールと訪れています。これこそ、趣味と実益を兼ねたものと言えるでしょう。

こうして、ピンチをチャンスに変えてきました。実は、逆風が起きた時こそ、チャンスなのです。

大切なことは、逆境からどう考え、どう動くかということです。残されたモノ、あるものでどう戦うか。考え、工夫し、行動に移すことなのです。

苦しくても辛くても、今あるもので楽しむことを覚えれば、決して不可能なことはありません。乗り越えられない問題はありません。

可能性のあることはすべてやってみましょう。**やらずに後悔するよりも、やってスッキリする人生の方が楽しい**のではないでしょうか。

逆境を逆手にとって、そのたびに大きく成長していくのです。**自分を信じ、諦めなければ必ず道は開けます。**

七章（恋）

ロージンと恋

老いらくの恋

ヨーロッパに行くと、老夫婦が手をつないで歩いていたり、腰や肩に手を回したりしてベンチで並んで座っている情景を見かけます。実に微笑ましく、羨ましい風景です。

恋は神代の昔からと言われます。ロージンの色恋は決して恥ではありません。何歳になっても**恋心を持つことは若さ、健康、生きがいなどにつながる**のです。

青春時代の恋は、それは一途なものでした。燃えるような恋を何度もしました。何も恐れるものはありませんでした。いまも、別の意味で恐れるものはありません。ただ、一途かというと、正直いろんな打算が絡んできます。財産や家族関係や健康など。

女性はよく「年を取っても、もう一度燃えるような恋がしたい」と言います。その思いは男性も同じです。ですが、なかなかそこまで純真にはなれません。いくつもの恋を経験してきているだけに。

甘いも酸いも経験していますが、どちらかといえば苦い思い出の方が多い気がします。私の場合、２度の離婚を経験しているためなおさらです。ただ、これまでしてきたどの恋も後悔はありません。振っても振られてもそれなりに燃え尽きた感はあります。どの恋も真剣でした。

何歳になっても恋をすると、自分の中で芽生えた青い息吹を感じることができます。たとえ年を取ろうが、恋い焦がれる気持ちは若き青春時代へと連れ戻してくれます。若い時には若いなりの、老いれば老いのときめきを感じます。それを**動悸と勘違いする**くらいでちょうどよいのではないでしょうか。

それは、若き時代に向かって血液が逆流しているのかもしれません。それはそれで喜ばしいことなのです。なぜなら、もう怖いものはないはずだから。死んでもいいと思うような**老いらくの恋は、それだけで価値があるの**ではないでしょうか。

ロージンよ、恋に生きよう！

性欲は人間の三大本能の一つです。「老いれば、枯れる」わけではありません。健康ならば**異性を求める気持ちは続き、それは生き甲斐につながる**のです。

「英雄色を好む」ということわざもあります。ビジネスも恋に似ています。両方、トキメキと達成感をもたらすからです。ときに**失望や絶望も味わいますが、失敗や挫折からも立ち直る時、新たなエネルギーが生み出されます。**

恋は若さの特効薬

夢に酔う、恋に酔うトキメキはセロトニンやドーパミンといったホルモンを噴出させます。男性ホルモンが少ないと早死にすると言われています。男性ホルモンの代表はテストステロンです。実はこの男性ホルモンはセックスにかかわるだけではなく、気力や性格、社会性にまで影響し、女性にとっても重要なホルモンであることが分かってきたのです。

テストステロンは社会の中で自分をアピールし、未知の世界に旅立たせる夢と冒険のホルモンなのです。意欲や気力とも密接な関係があり、テストステロン値が下がると、うつ病になりやすいことも分かっています。

また、男性だけではなく、社会の第一線で働いている女性は、テストステロン値が高い傾向があると言われています。テストステロン値が高い人は、公平さや公正さを求める正義感が強く、社会に貢献しようとする意欲が高くなるといわれます。つまり、テストステロンは男も女も**ヒーローにするホルモン**とも呼べるのです。

シニア婚活

超高齢時代。巷ではシニア婚活が花盛りです。ポイントは、お金と健康です。経済面は、年金や仕事の収入、そして資産などが大きな割合を占めます。

男女共に、身体面で何かしら問題があることはほぼ確実です。**男性は介護を期待する人が多いようですが、あからさまな人は敬遠される**でしょう。それに、子どもの状況も関係してきます。遺産相続の問題が出てくるので、子どもさんに気を遣われる方がいます。そのため、「お付き合いはしたいが結婚まで」は、と考えられる方が多いようです。

私は、今の家と土地だけですが、子どもたちも跡を継がないようですし、処分しても大した金額にもならないでしょう。本当に**素敵な女性がいれば再婚は厭いません**。

私の条件は、一緒に旅ができる人です。たとえ地球の果てまでも付いて来てくれる人です。若い人ならまだしも、年配のご婦人には残念ながら無理な方が多いかもしれませんね。現役のバックパッカーで、空港のベンチで寝たり、車中泊やテント生活も今でもやっています。そう話すと、みんな逃げていってしまいます。だから勢い、若い方に走るのです。なかには「枯れ専」の方もいらっしゃいますから。

いずれにせよ、いつまでも恋心を持つのはいいことです。女性は普段しない化粧をし、美容院に行って服を新調したり、男性も少しおしゃれをしてみたりと、普段にない行動と胸の高まることによってセロトニンが分泌します。それだけでも効果があるのではないでしょうか。

八章（夢）

未来の姿を描こう

ロージンよ、未来を見つめ、夢を語ろう

たとえ明日死ぬと分かっていても、未来に夢を描こう
永遠に生きるつもりで。そして、希望を胸に死んでいこう

余生ではなく、「本生」であるローゴをどう生きるかを決めなければなりません。ローゴを暗く過ごすのか、明るく過ごすのかはあなた次第なのです。人生はひとりひとりみんな違うストーリーで成り立っています。そのストーリーを自分で描くのか、人の描いたシナリオに従って生きるのか、それもまたあなた次第です。

もう年だからと、あそこが悪い、ここが悪いと言い訳をしていては体力も気力もなくし、ボーっとして過ごすのか、あと何年生きるのか分からないけれども夢を持ち前向きに生きるのかで「本生」はまったく違ってきます。

ひょっとしたら明日死ぬかもしれません。70歳でも、まだ30年以上生きるかもしれません。いつ死ぬか分かりませんが、いつ死んでも悔いを残さないように毎日を精一杯生きて、明日につなげてみてはいかがでしょうか。

１００歳まで生きると思って夢を描いてみてはいかがでしょうか。やりもしないで、どうせ実現できないと決めつけてしまうには、あまりにもったいないとは思いませんか。

実現できようができなかろうが、死ぬまで夢を持ち続けることはできるはずです。バカにされても、笑われても気にしないことです。どうせみんないずれ死ぬのだから。人生は、常に「**今が旬（春）**」なのです。

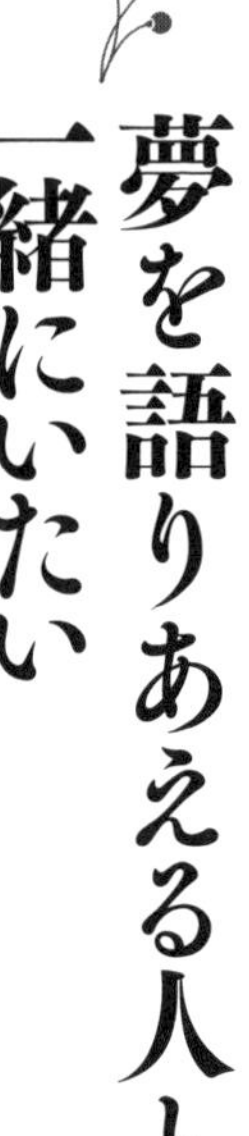

夢を語りあえる人と一緒にいたい

明るく前向きな波動を受け取り、周囲にまき散らそう

私は、同窓会や老人会の類にはあまり行きません。過去の思い出話や病気をはじめ、暗い話が多いからです。私自身は、まだまだやりたいこと、やり残していることがたくさんあります。そうした**夢を語る人といつも接していたい**のです

夢のある人と交わり、その人の夢を聴くことで**自分の夢が触発**されます。いままでどう生きてきたかが問題ではなく、これからどう生きたいのか、そして、どう生涯を終えるのかが問題なのです。

生きている限り、夢と希望を持ち続けることです。そして使命感を明確にすることです。継続こそ力、諦めてはいけません。誰しも明日目覚めるとは限りません。だからこそ死ぬまで遠くを見据えて、夢と希望を持って今を精一杯生き続けてください。

なかなか先が読みづらい今の時代ですが、むしろ、先が短いからこそ先を見通せるのではないでしょうか。これまで培った経験と、歴史を紐解き、積み重ねてきた勉学を元に未来を予測できる能力を備えているはずなのです。先人の底力を発揮して5年先、10年先の希望を語ることができるのではないでしょうか。

還暦からは恩返し・恩送り

暦が一巡し、やっとここまで生きてきました。いいえ、生かされてきたといった方がいいかもしれません。それもこれも親がいて、家族がいて、友達がいて、そして仲間がいたからです。決して一人で生きてきたわけではありません。支えられ、助けられて生きてきたのです。

これからは恩返しです。恩を受けた人たちに直接できなくても、出逢った人、周囲の人、かかわった人、通りすがりの人にでもいいのです。大袈裟なことをする必要はありません。微笑んであげるだけでもいいのです。

「おはよう」「お疲れさま」「ご苦労さま」と挨拶するだけでもいいので

す。「よく頑張ったね」「素晴らしいね」と励ましたり労ったりするのもいいでしょう。

いわゆる**ペイフォワード（恩送り）の気持ち**を持つだけでもいいのです。一人ひとりがこの気持ちを伝え合えれば、幸運の連鎖が広がりそれぞれの人生によい循環が生まれます。

私は、縁あって出会った人にはいつも思うことがあります。「この人のために何ができるだろうか」と。子育てや借金の返済で余裕のなかった時期を過ぎ、少し心の余裕ができたら、ぜひとも**恩返し・恩送り**を行ってください。

人生のシナリオ

未来の自分の姿とは

ローゴの人生設計（ローゴの老後に備えて）

60歳から79歳までを第一のローゴとすれば、その先、80歳から100歳までは第二のローゴです。60〜79歳までは「老春」真っ只中です。

80歳からは私にとっても未知数です。30年後、私が100歳になるとき、私自身は、そして日本、世界はどう変わっているでしょうか？

未来の自分の姿を描く

その時、どんな姿ですか？　よぼよぼで寝たきりですか？　認知症になって肉親の顔さえ分からない状態ですか？

いやいや、私は元気ですよ。１００歳になっても世界を旅しています。もちろん自分の足で歩いて。背筋をピッと伸ばして、杖も持たず。かっこよく服を着こなし、矍鑠（かくしゃく）としていますよ。

人は自分が想像するようになります。１００歳だから、もうよぼよぼになるだろうと思えば、そうなります。今と変わらない容姿を保とうと思えばそうなるのです。

１００歳になっても子どものように好奇心に満ち溢れ、冒険を進んでします。そういうイメージを浮かべながら、**100歳になるのを楽しんで待ちます**。あとわずか30年です。

自分の人生は自分で創る

人の敷いたレールの上を走るのか、自分で創った道を歩くのか。

一昔、いや三昔ほど前までほとんどの人の人生は、勉強していい学校に入り、大企業に勤め、結婚して家庭をもち、子供を授かり、定年まで勤め上げ、退職金をもらい、隠居して年金で孫の面倒を見ながらゆったりとした老後を送って静かに死んでいく、というイメージで語られていました。

そもそも定年後10年前後の寿命でした。退職金と年金があり、それに少しでも蓄えがあれば十分だったでしょう。家や仕事は子に譲り、お墓をたてて、ご先祖さまも子孫もそこに入る。あとは天国から見守っていればいい。人生70年時代だったらそうでしょう。

現代はどうでしょう。人生100年時代、そのすべてを適えることは極めて困難です。定年制がいくら延びても追いつきません。特に人生の後半から終盤に至っては悲観的なイメージが先行しています。

リストラで退職金もままならず、再就職で働き続け、年金も当てにならず、一人暮らしを強いられ、最後は認知症で長い介護の末、一人寂しく死んでいく、と。これではまさに生き地獄です。

ここで最も問題になるのは、「孤独」と「介護」ではないでしょうか。もし、死ぬまで孤独ではなく介護も必要としなければ、長生きする分、今以上に人生を謳歌できるはずです。では、そのようにイメージして自分の人生のシナリオを描いてみましょう。

旅せよロージン
和僑となって世界に飛び出そう

ロージンよ、海外を目指せ！

その人の人生のスケールは、その移動距離に比例すると言われています。

そもそも日本人の原点はユダヤ人だという説があります。ユダヤ人は、世界に散らばり、至るところで活躍しています。

日本人ももともとそうしたＤＮＡを持っているのです。今まさにそれを呼び覚ます時がきたのではないでしょうか。日本国内にとどまっているだけでは、ますます生きづらくなっていく気がします。

今からでも野心を持って**世界にはばたきましょう**。

ロージンは「貢献の旅」に出よう

私は旅をすることで、未知の自分を発見しています。知らない世界、まったく価値観の違う人々と出会うことで新しい自分を知ることができます。常に自分を更新し、バージョンアップを続けることです。

世界を旅することで、誰かの役に立てれば、**タビスト冥利**に尽きます。私が旅によって経験したことで、特に「生きる力（サバイバル力）」といったものが誰かに希望や勇気を与えるとするなら、それはとても喜ばしいことです。

私が旅先でいろんなことに挑戦する姿が自分にもできるといった自信

につながれば、また嬉しいことです。**旅によって自ら成長し、貢献する**ことが私に課せられた使命なのです。

真の豊かさとは？

真の豊かさとは、所有しないことだと思うようになりました。人は豊かになるためにいろいろなモノを欲します。そしてそれらを何とかお金で手に入れようとします。大半の人はそのために働いていると言ってもいいかもしれません。だけど、欲しいモノが手に入ると、次から次へとまた欲しいモノが現れます。お金もそうです。そこに際限はありません。

そして、ふと気づくのです。それは失って気づくものと、持ち過ぎたがゆえに気づくものとがあります。失って気づくものは大概はモノではなく人です。親であり、子であり、愛する人であったりします。

モノを持つことは、むしろ煩わしさを生みます。手入れをし、使い、守らなければなりません。人もある意味同じでしょう。常に気に掛け、世話をし、守ります。もしもそうした人がいなくなった時、モノに何の意味があるのでしょう。家も、庭も、車も、家財道具も、生きていく上で最小限のものがあればいいのです。

むしろ**真の豊かさはお金では買えない**のです。真の豊かさとは心の中にあります。考え方を少し変えるだけで、お金がなくても人生を楽しくすることは心一つでできるはずです。

一番大切なものは、心に残る思い出ではないでしょうか。豊かさとは、大切な人を除けば、何にも縛られない自遊そのものなのです。

幸せ感とは、三つの間、すなわち、時間と仲間（人間）そして空間の絶妙なバランスにあります。自遊な時間、気心の知れた仲間たちと共に、心地よい空間（環境）に身を置くことです。これは今の子どもたちにもとても重要なことだと考えています。

あとがき

令和に入り、少子高齢化にますます拍車がかかり、経済・財政問題も深刻度を増し、世界情勢、地球環境もどんどん混迷を深めています。人生１００年時代と言われてまだ数年。今や人生１２０年とも、１５０年、いやいや不死の時代ともいわれ始めました。時代の変化も想像を超えたスピードで進んでいます。

そのような状況の下、私たち高齢者は医療やＡＩといった技術の進化で、まだ30年、50年と生きることを余儀なくされていきます。その間、子どもや孫たちのためにも少しでも良い環境を整えなければなりません。と同時に、子や孫たちには健康で幸せに生きていってほしいと願うのです。そのためにはどんな変化の下でも生き残る術（サバイバル力）を身につけておくことが必要です。

そうした意味でもこの本が夢と希望を与え、少しでも日本を元気にし、世界の平和につながる一助となればこの上なく幸いです。

著者紹介

かじ えいせい

1948年熊本市生まれ。大阪大学外国語学部卒。

総合商社勤務後、熊本県阿蘇でペンションを開業、後に大分県久住高原に移住し観光牧場を設立。さらには阿蘇・西原村で築120年余りの古民家を改装し、ホテル、カフェを経営。

60歳からNPO法人を設立し、英会話カフェ（熊本市）やベトナムカフェ（福岡市）、瞑想センター（阿蘇）を開設。現在では、ベトナムを中心に海外展開を図り、新たな挑戦を続けている。家族４人による世界一周をはじめ約60か国を歴訪。


著書に「地球はわが家の教室」（くもん出版）、「プレーリーホーム」（東京経済）がある。ブログ「世界一周タビスト、かじえいせいの『旅が人生の大切なことを教えてくれた』」https://blog.goo.ne.jp/dreamincountry は毎日更新中。趣味は旅、乗馬、空手、合気道、アウトドア、ギター、ピアノ、ダンスと多彩。

装丁／冨澤崇（EBranch）
校正協力／大江奈保子
編集・本文 design & 制作 DTP ／小田実紀・阿部由紀子

夢は60歳から現実化する。
「老春時代」の成幸術

初版 1 刷発行 ● 2020年 2 月20日

著者

かじ えいせい

発行者

小田 実紀

発行所

株式会社Clover出版
〒162-0843 東京都新宿区市谷田町3-6 THE GATE ICHIGAYA 10階
Tel.03(6279)1912　Fax.03(6279)1913　http://cloverpub.jp

印刷所

日経印刷株式会社

ISBN978-4-908033-61-2　C0095